Arqueologia mecânica

RUBEM DUAILIBI

Arqueologia mecânica

A arte de encontrar e recuperar preciosidades

São Paulo
2009

EDITORA
ALAÚDE

Copyright © 2009 Rubem Duailibi
Todos os direitos reservados. Nenhuma parte deste livro poderá ser reproduzida, de forma alguma, sem a permissão formal por escrito da editora e do autor, exceto as citações incorporadas em artigos de crítica ou resenhas.

1ª edição em dezembro de 2009 - Impresso no Brasil

Publisher: Antonio Cestaro
Editora: Alessandra J. Gelman Ruiz
Capa e Projeto Gráfico: Walter Cesar Godoy
Fotografia da capa: Allard van Wielink e Thiago Mucci
Revisão: Sandra Pontes

Dados Internacionais de Catalogação na Publicação (CIP)
(Câmara Brasileira do Livro, SP, Brasil)

Duailibi, Rubem
    Arqueologia mecânica : a arte de encontrar e recuperar preciosidades / Rubem Duailibi. -- São Paulo : Alaúde Editorial, 2009.

    1. Automóvel - Colecionadores 2. Automóveis - Conservação e restauração 3. Automóveis - Conservação e restauração - Compra 4. Automóveis - Conservação e restauração - Venda I. Título.

09-11957   CDD-702.8801

Índices para catálogo sistemático:
1. Arqueologia mecânica : Restauração de
automóveis antigos 702.8801

ISBN 978-85-7881-029-0

Todos os direitos desta edição são reservados à
Alaúde Editorial Ltda. ©
Rua Hildebrando Thomaz de Carvalho, 60
CEP 04012-120 - São Paulo - SP – Brasil
Fone:(11) 5572-9474 / 5579-6757
www.alaude.com.br
alaude@alaude.com.br

Este livro é dedicado às pessoas que querem vencer,
que querem ser felizes.
Tudo acontece quando você percebe que as coisas que
deseja não estão dando certo e, aos poucos, você vai
percebendo como funciona o tempo e como ele pode
trabalhar a seu favor. Tomando iniciativa e atitude, tudo
vai mudar na sua vida e no seu bolso,
com muita velocidade e motivação,
para novos negócios e oportunidades.

Agradecimentos

A Hans Berg, meu Opa, e a Frieda Ella Weiszflog Berg, minha Omi.

A Sylvia Josefina Duailibi e a Roberto Duailibi.

A Vittoria, Roberto e Alessandra, que tiveram muita paciência quando eu desviava o caminho para fazer a Arqueologia Mecânica e levar tantas peças para casa.

A meu irmão gêmeo Marco, colecionador de antiguidades e ótimo joalheiro, que me acompanha a vida toda ao mesmo tempo.

E a Francesc Petit, que sempre me incentivou quando o assunto era automobilismo.

Manual do proprietário

Prefácio 11

Apresentação 13

Capítulo 1 – O início: virando a chave 15
   Nós e Fittipaldi 17
   Papai Noel de carro antigo 18

Capítulo 2 – Coleções: o valor do passado no presente 25
   Valor e cultura 26
   Arqueologia Mecânica 28
   Comece sua coleção 30
   Outras coleções automobilísticas 32
   Coleção de mascotes 32

Capítulo 3 – Aprendendo a fazer Arqueologia Mecânica 35
   Minha primeira reforma 36
   O Porsche incompleto 40

Capítulo 4 – Comprando, vendendo e ganhando 43
   Percebendo as tendências 44
   O astro do cinema 47
   Um presente valioso 52
   O Plymouth 1929 e a carrocinha 54
   Venda internacional 55
   O vendedor de Porsches 59

Capítulo 5 – Os clubes de colecionadores 61
   As primeiras exposições 61
   Os encontros de antigomobilistas 63
   O Porsche Club do Brasil 64

O encontro mundial dos presidentes de Porsche Club 65
O episódio da alfândega alemã 71

Capítulo 6 – Design com velocidade 75
Curso de pilotagem 75
As competições 77
Provas e ralis 81

Capítulo 7 – O programa de TV 87
O MotorDay Octane TV 87

Capítulo 8 – Mudando de rumo 91
O começo da busca pelas BMW 92
A história da BMW 1600 GT 95
A reforma da primeira BMW 1600 GT 99
Sem fechar as portas da oportunidade 101
A segunda BMW 1600 GT 104
A terceira BMW 1600 GT 108
A quarta BMW 1600 GT 114
A quinta BMW 1600 GT 119
A sexta BMW 1600 GT 122
A sétima BMW 1600 GT 124

Capítulo 9 – Novos horizontes 127
Obras de arte ambulantes 127
Raridades na fazenda de Flávio Marx 130
Os Karmann-Ghia 134
As Berlinettas Interlagos 137

Capítulo 10 – Um verdadeiro *barn find* 143

Palavras finais 151

Créditos das imagens 159

Prefácio

Ao tomar conhecimento do livro do meu amigo Rubem Duailibi, invadiu-me uma sensação das mais agradáveis. Livros constituem um verdadeiro universo no qual conhecimento e emoções se misturam de maneira admirável. Mas faltava uma obra que se dedicasse a essa máquina fantástica que mudou o mundo, no sentido de preservá-la, de modo a se poder usufruir dela e, principalmente, permitir que seja mostrada para as gerações futuras. Não estática, inerte, num museu, seus líquidos vitais retirados, mas rodando, emitindo ruído, animada.

O mais notável de *Arqueologia Mecânica*, que chamo de mais um presente da Editora Alaúde, que considero "a editora do automóvel", é proporcionar ao leitor ou leitora um guia completo de como entrar, sem receio de errar, nessa atividade que cresce em todo o mundo de maneira vertiginosa. Um autêntico manual do proprietário, como está dito no sumário.

Mais atraente que o guia em si, porém, é saber que ele foi compilado por um automobilista de verdade, do tipo que não aparece da noite para o dia: Rubem Duailibi. Conheço-o praticamente desde que vim morar em São Paulo há 30 anos, ao sair da minha cidade natal, o Rio de Janeiro, em busca de novos desafios.

Vimos-nos pela primeira vez, ele ainda bem jovem, em alguma corrida em Interlagos, e logo um identificou o outro como apaixonado por automóvel. Coisa de quem nem é preciso conversar muito para logo deduzir. Esse fator, mais sua vivência em meio aos carros antigos, lhe confere a autoridade para abordar todos os aspectos dessa empolgante e desafiante atividade.

De lá para cá, tenho acompanhando a trajetória do Rubem, seja como integrante da ímpar agência de publicidade cuja sigla começa pela letra do seu sobrenome – DPZ – seja pelo período em que esteve atrás da câmera de vídeo produzindo seu programa de televisão com muito gosto e empenho. E sempre, é claro, ao volante de alguma preciosidade sobre quatro rodas, dirigindo-a com capacidade e, sobretudo, respeito.

O mundo está passando por grande transformação na área da mobilidade por força de conjuntura econômica combinada com questões ambientais. Daqui a dez, 15 anos, o automóvel como conhecemos hoje, com seu motor a combustão exclusivamente, dividirá espaço com outras formas de propulsão que fatalmente levarão à mudança de sua arquitetura, certamente não tão exótica. É por esse motivo que a arqueologia mecânica ganhará ainda mais importância.

Por isso, a sensação agradável de que falei no começo. Ainda bem que podemos contar com o Rubem para nos levar ao núcleo dessa atividade de preservação do que é belo. Só podemos agradecê-lo por isso.

Bob Sharp

Apresentação

Arqueologia Mecânica é o termo usado aqui por Rubem Duailibi para descrever a arte de pesquisar, procurar, encontrar, restaurar, colecionar e comercializar carros antigos e de valor. Nesta obra, o autor narra como os carros começaram a ser peça importante de sua vida, desde as brincadeiras infantis, as aventuras da juventude, seu contato com representantes e colecionadores de marcas e modelos, até o início de suas coleções e incursões no mundo da recuperação de automóveis europeus clássicos e de *design*.

Seu envolvimento com automóveis vem já da infância. Com o incentivo da família e o contato com o universo automobilístico desde criança, a paixão por carros foi nascendo e crescendo, e transformou-se em uma atividade constante, com reflexos em todas as áreas de sua vida: diversão, manifestação artística, trabalhos profissionais e fonte de renda. Levando o tema às suas mais diversas expressões, usou-o em seus quadros e até o expôs em programas de televisão.

Como qualquer "arqueologia", a que o autor faz aqui tem implícito o fator *tempo*: traz para o presente peças e construções de valor feitas no passado, e as preserva para as futuras gerações, conservando a memória, a história, a cultura e a marca de uma época. Deixa claro que o mesmo tempo que corrói, destrói, enferruja e envelhece objetos de grande significado pode multiplicar seu valor, e isso pode ser aproveitado em atividades de trabalho ou lazer. E é esse mesmo tempo que nos dá a sensação de que está sendo bem usado ou desperdiçado para que se atinja o que desejamos no decorrer da nossa vida.

Como o autor gosta de dizer, este é um livro de *auto*ajuda, em várias acepções da palavra: o auxílio aos carros, que podem ser conservados e recuperados para readquirir ou aumentar seu valor, e o auxílio às pessoas, que podem aproveitar desta obra ideias, inspirações, dicas e informações, que vêm entremeadas de mensagens positivas e incentivadoras, para também praticar, elas mesmas, sua arqueologia mecânica.

Com uma narrativa e uma linguagem muito particulares, que conta os fatos de maneira espontânea e peculiar, o autor vai descrevendo seus feitos de forma leve, sem a pretensão de que este livro seja um manual de restaurações. Nestas páginas, com simplicidade, expõe e conta suas atividades, que podem servir de exemplo para que outros também usufruam dos prazeres e vantagens dessa arte de encontrar e recuperar preciosidades.

CAPÍTULO 1

O início: virando a chave

Os carros sempre fizeram parte da minha vida. Quando eu nasci, o Francesc Petit pintou um quadro para mim e para meu irmão gêmeo, Marco. Era a imagem de um MG 1952, que era o carro dele naquele ano de 1961. Meu avô materno, Hans Berg, meu querido Opa, que era comprador de brinquedos da Sears Roebuck (e foi por mais de 40 anos), trazia para casa todos os lançamentos de brinquedos. O Opa foi um grande incentivador dos gêmeos para que usássemos a criatividade brincando muito e montando carrinhos em escala. A minha Omi, Ella Frieda Weiszflog

Eu, Omi e Opa com o TL, na rua Nebraska, em São Paulo

Minha filha Alessandra e o hand arbeit: montando uma miniatura de carrinho

Berg, sempre nos falou que quem tem *hand arbeit*, que em alemão quer dizer trabalho manual, tem emprego em qualquer lugar do mundo. Ela realmente tinha razão, pois a família ergueu-se do zero, na fuga da sua cidade natal, na qual perderam tudo por causa da Segunda Guerra Mundial.

O Petit, ainda no tempo da Metro3, a agência de publicidade que ele tinha com o Zaragoza (antes de montarem, com meu pai, Roberto Duailibi, a DPZ), nos colocava amarrados no banco do passageiro do MG 1952 sem carroceria, e descíamos a rua Augusta. O Petit montava e desmontava aquele carro, e nós passeávamos vendo o motor, as rodas, e andávamos só com o painel de instrumentação e os pequenos vidros da frente.

Depois de muitos carrinhos da Corgi Toys, Matchbox, Revell, Bandai, Jo-Han, Monogram, Tamyia e de outros que o Opa nos dava para montar, comecei a me interessar por mecânica e por carros em escala real 1:1. Com meus 12 anos, ia para o aeroporto com o tio Renato comprar revistas de carros clássicos. Foi a época em que meu pai fez o lançamento da *Enciclopédia do Automóvel* para o doutor Victor Civita, da Editora Abril. Entre 1968 e 1970, compramos um Opel GT, um Porsche 911, um Porsche 914 e um Galaxy. A Comercial Borda do Campo, concessionária Ford de São Paulo, foi um dos primeiros clientes da agência, junto com o Banco Itaú. Esses carros permaneceram na garagem, e dois ainda estão conosco.

Anúncio feito pela DPZ em 1968 para a concessionária Borda do Campo

Meu primeiro carro, aos 17 anos, foi um Mercedes-Benz 1957, modelo 190, comprado do senhor Dino, que tinha uma oficina atrás do parquinho de diversão que havia na avenida Santo Amaro. Meus avós moravam na rua Mathias Cardoso, que depois virou rua Roque Petrella (ninguém tem a mínima ideia de quem eram as pessoas homenageadas com os nomes da rua). Atravessando o supermercado Peg-Pag e a avenida Santo Amaro, era possível visitar o senhor Dino. *Lá* era meu parquinho de diversão, com tantos carros antigos interessantes que estavam sendo reformados.

Como falou meu irmão Marco certa vez, eu nunca andei tanto de guincho quanto com aquela Mercedes. Quando você começa a se interessar em comprar um carro antigo, existe uma relação de prazer e ódio que dura segundos. Quando você está andando maravilhosamente com o carro, você elogia aquele desempenho, mas quando o carro quebra, ele vira a maior porcaria do mundo. Do elogio ao xingamento levam-se milésimos de segundos. Aquela Mercedes foi uma grande escola, e com ela começou toda a minha coleção.

Nós e Fittipaldi

Quando eu era criança, éramos vizinhos do Emerson Fittipaldi, em São Paulo e no Guarujá. Naquela época, a DPZ fez um comercial para a Timex em que o Emerson andava em um barco a remo com sua esposa Maria Helena. O texto falava do tempo, do campeão e do produto. Era muito criativo e contava que o homem mais rápido do mundo estava remando com sua esposa, sem se preocupar com o tempo recorde que fazia. Nessa hora, quem cuidava do tempo era seu relógio Timex. Nossa relação com os Fittipaldi era maravilhosa.

Eu e meu irmão Marco, com a Honda ST 70, Beto Nóbrega de Mobilette, e Marcelo Nóbrega de Garelli passeando pelo Morumbi

Meu irmão e eu andávamos de moto pelo Morumbi – eu com uma Honda ST 70 e o Marco com uma Yamaha MD 50 – junto com o Beto Nóbrega, que ia de Mobilette, e o Marcelo, de Garelli. O Maurício e o Vinícius eram pequenos, e ficavam com a tia Marilda, mãe deles. São todos filhos do Carlos Alberto de Nóbrega e netos do Manuel de Nóbrega e da vovó Dalila. Na casa deles, passávamos tardes ouvindo-os ensaiarem o texto da *Praça é Nossa*, e morríamos de rir com todas aquelas pessoas maravilhosas. Íamos à casa do Emerson para vê-lo ligar os carros, e tomar sucos servidos pela Maria Helena. Foi lá, pela primeira vez, que ouvi um ronco que não era igual ao dos Porsches do Petit. Era uma Lola com motor Cosworth.

Na década de 1970, uma das contas da DPZ era da General Motors. Em 1975, a GM fez uma versão esportiva do Chevette, em comemoração ao Grande Prêmio do Brasil de Fórmula 1, que foi o lançamento sensação do Salão do Automóvel daquele ano: o Chevette Grande Prêmio, que era prata com faixa dupla preta pintada em cima do capô. Os pilotos de Fórmula 1 receberam um Chevette Grande Prêmio. Certa noite, o Emerson entrou apavorado na casa da minha mãe no Guarujá dizendo: "Sylvinha, o Roberto está em casa?". Ele queria saber se meu pai conhecia algum delegado de plantão, pois policiais haviam prendido os pilotos de Fórmula 1. Obviamente, Ronnie Peterson, Peter Revson, François Cevert, Jacky Ickxs, Clay Regazzoni e outros pilotos vieram apostando corrida pela estrada até o Guarujá. Todos foram parados, e os guardas, incrédulos, vendo os Chevettes do lançamento, prenderam os pilotos. Soltos imediatamente após desculpas e muitos autógrafos, no dia seguinte foram velejar num veleiro que, mais tarde, ganhei de presente, um Hobbie Cat 14 pés, com os cascos pintados de preto com as cores douradas do logotipo John Player Special, o mesmo desenho do carro do Emerson.

Roberto (meu filho) e Emerson, sempre simpáticos, no Grande Prêmio de Fórmula 1 do Brasil, em 2002, organizado pelo Tamas e Carol Rohonyi

Papai Noel de carro antigo

Uma das minhas homenagens ao meu Opa, Hans Berg, é substituí-lo na função de Papai Noel. Isso começou em 1980, quando ele faleceu. Sempre tivemos Natais divertidos. O Opa, como eu disse, era diretor do departamento de brinquedos da Sears e nos dava os presentes mais incríveis. Foi daí que começou o meu gosto por carros em geral. Só mudei a escala dos brinquedos.

Em 1982, estávamos passando o Natal em Nova York. Quando fui pegar meus familiares no aeroporto, tive a ideia de prestar uma homenagem indo recebê-los vestido de Papai Noel. A Omi Frieda Berg ia passar o Natal conosco e queria ver neve depois de mais de 40 anos. Pela primeira vez na vida, alguém da alfândega americana foi gentil e deu um visto a ela: "*Forever*". Naquele ano, porém, não nevou no Natal em NY. Como ainda não existia a paranoia americana com o terrorismo, me viram no aeroporto vestido de Papai Noel e me convidaram para receber as pessoas e dar um doce típico que parece um cabo de guarda-chuva açucarado. Na fila, vi meu primo Antonio Luis e lhe ofereci um desses pirulitos. Ele recusou e lhe ofereci outro. Na terceira recusa, eu abaixei a barba e falei em português: "*Feliz Natal!*". Imediatamente, ele me abraçou. Os policiais jogaram toda a roupa que estavam vistoriando na sua mala e nos convidaram para sair!

Quando minha família chegou ao Brasil, imigrantes da Alemanha, a tradição alemã continuou: a árvore de Natal, o calendário, as maravilhosas músicas e as histórias. Nossa família descendente de imigrantes tem uma bagunça religiosa: a Omi era luterana, o Opa era judeu, minha vovó Cecília Vianello era católica e o vovô Wadih, melquita. No Brasil, comemoramos o Natal com tudo o que temos direito, menos a neve, e não importa a religião. Essa história do Papai Noel e a homenagem viraram tradições. A cada Natal, eu alugava um carro clássico diferente e ia a várias festas com meu irmão Marco, que me ajudava. Mas o Papai Noel mudou quando meus filhos ficaram desconfiados do relógio de pulso do Papai Noel: era igual ao do papai. E o Marco me substituiu perfeitamente!

Um dia, peguei o fantástico Buick Electra do meu amigo Henrique Erwenne, presidente do Karmann-Ghia Club. Sempre tomei a iniciativa

Com o Buick Electra do Henrique Erwenne no Natal

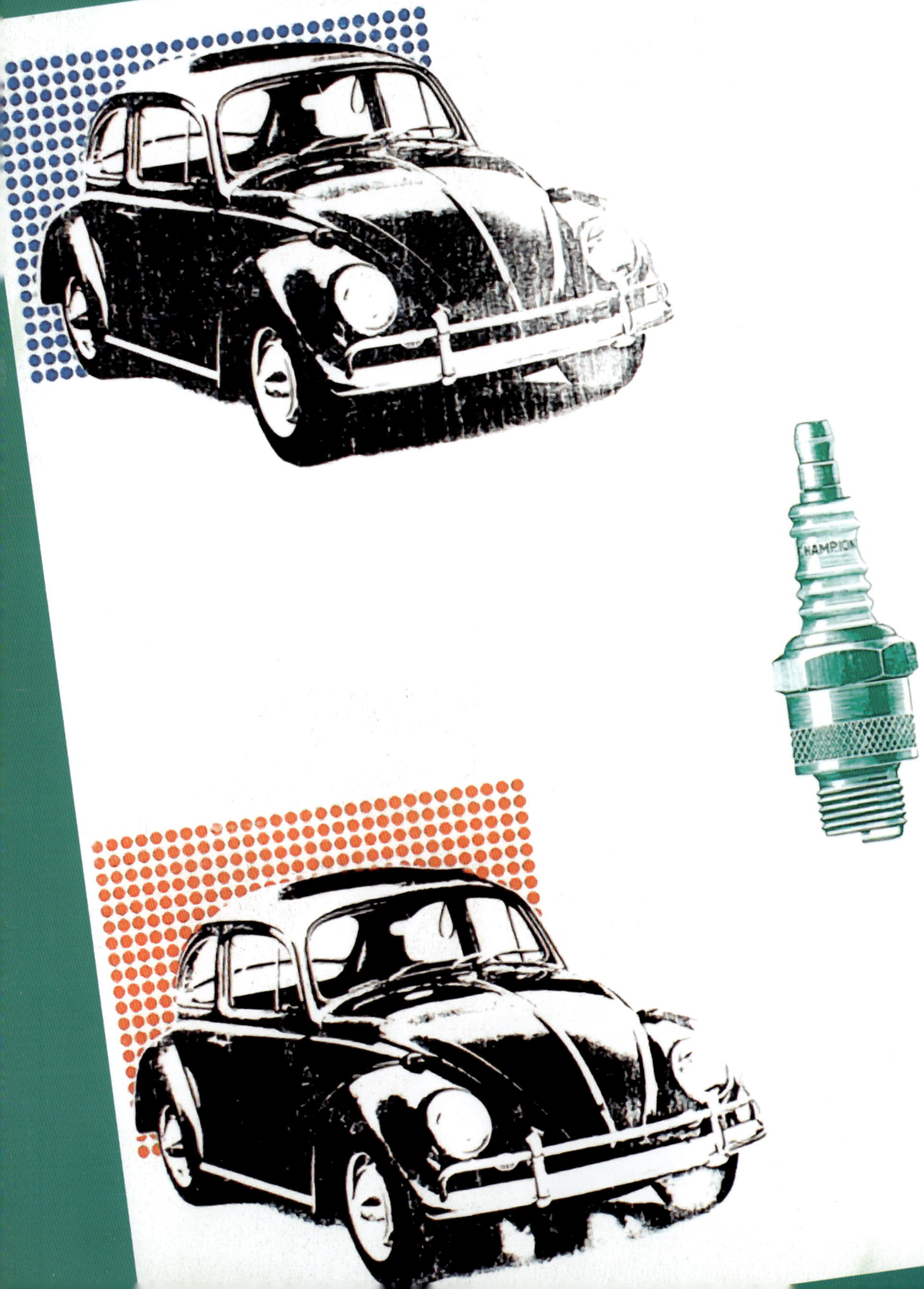

Quadro de Rubem Duailibi
Acrílico sobre tela e silk-screen
2008

Saindo do Buick Electra do Henrique Erwenne

e a motivação de sair com um carro antigo nessas ocasiões. O Paulo Leme estava comigo, e vimos uma bandinha natalina tocando suas músicas na rua. O Paulo pediu para que eu parasse o carro e, sem perder tempo, ofereceu um dinheiro para que fossem conosco no carro. Os músicos toparam na hora. Em São Paulo, nessa época, faz um calor infernal, e eles já estavam cansados de tocar milhares de vezes aquelas músicas e as campainhas das casas da vizinhança, para ver se ganhavam um trocado. Saímos pelo bairro, com a bandinha tocando as músicas alegremente. O Paulo, a bandinha com cinco músicos e eu pegávamos mais amigos e amigas para dar voltas no carro.

Meus filhos ficaram envergonhados porque, em plena luz do dia, estacionei na calçada do shopping mais famoso de São Paulo, fazendo um estardalhaço fenomenal. A segurança do shopping achou que era uma promoção de alguma loja e nos deixou lá por horas. Por muitos

Dirigindo o Buick Electra 1959, com uma bandinha dentro, comemorando o Natal
(Sete pessoas no Buick em nossa tradição natalina)

anos seguidos, fazemos esse ritual: pegar um carro antigo, sair com o Papai Noel pelas casas dos amigos com uma bandinha tocando músicas natalinas. A cada ano, eu mudava de carro, e os mais impressionantes foram o Buick Electra 1959, um Packard da década de 1930 alugado do Romeu Siciliano, e um Fordinho de três janelas do Rafael Lebre. O foco nessa ocasião eram carros de antes da década de 1960, que são grandes e imponentes.

Num desses passeios natalinos, paramos um desses carros clássicos ao lado de uma família muito simples que estava numa Variant. O Marco, vestido de Papai Noel, falou para um garotinho que estava dentro daquele carro: "Ho! Ho! Ho! Já passamos na sua casa e deixamos uma lembrança! Feliz Natal!". O pai da família, que estava ao volante da Variant, agradeceu com a boca sem fazer som. Só essa atitude do Marco valeu o Natal daquela família, que provavelmente não ia ter um Papai Noel na sua casa.

Ter ou mesmo alugar um carro antigo é muito divertido.

CAPÍTULO 2

Coleções: o valor do passado no presente

Muita gente gosta de juntar coisas, de colecionar. Muitas pessoas têm interesses em comum. Várias delas colecionam alguma coisa que vem do tempo dos avós. As pessoas colecionam pedaços de lembranças agradáveis e guardam na cabeça pequenos retalhos de memórias, que fazem a colcha que nos dá prazer e crescimento pessoal. É possível continuar uma coleção de selos do avô, ou uma coleção de moedas e virar um grande numismata. O problema das coleções é o espaço que elas precisam para serem guardadas ou armazenadas. Já pensou colecionar trens ou tanques de guerra? Espaço é fundamental. Ou você escolhe uma coleção que caiba num livro, no armário, ou nas garagens dos amigos...

Eu gosto de carros antigos, clássicos, que são aqueles que têm mais de 30 anos de fabricação. Gosto de encontrar, comprar, reformar, colecionar e vender essas preciosidades. É a isso que eu chamo de Arqueologia Mecânica. Existe um desafio de colecionar carros antigos e de fazer uma reforma pessoalmente. O desafio está na pesquisa para encontrá-los, em estudar e saber como deixar aquele carro original ou, dependendo do gosto, fazer uma modificação total. O perigo de uma modificação é que, na hora da venda desse carro de coleção, ele pode ter sido transformado num carro com *design* indefinido, pois pessoas que se interessam por carros clássicos têm informação do que estão comprando. Carros antigos valem por sua originalidade no mundo todo. Existem muitas exposições no mundo que não aceitam carros modificados, tipo os *Hot Rod*, mas há exposições somente de *Hot Rod*, em que o dono fez um investimento bastante grande em cima do carro.

Quando você ingressa na "doença da ferrugem", que é colecionar carros antigos, isso nunca mais passa. Uma das minhas atividades é procurar

A garagem dos sonhos de qualquer colecionador: Maserati e Ferrari Barquetta, uma do lado da outra e prontas para pintar e andar. Raridades absolutas que estavam ao lado da minha casa, em São Paulo

galpões com as "belas adormecidas". Com o tempo, você acaba adquirindo um carro com iniciativa e atitude, e restaurando-o até ele andar novamente. Como fala meu amigo Vicente von der Schulemburg, sócio fundador do Veteran Car Club do Rio de Janeiro: "Carros são automóveis que, se parados ficassem, seriam chamados de *autofixos*".

O mais interessante de completar uma reforma é andar com o carro. Carros clássicos podem viajar tranquilamente depois de toda a manutenção feita. Pense bem: eles andavam em décadas passadas. É preciso conhecer o carro e seus limites profundamente. O motor, freios, como ele se comporta na chuva... é preciso cuidar dele como se fosse um membro da família. A troca de óleo é fundamental, assim como manter sempre o motor lubrificado e verificar a água do radiador. Carros antigos são manhosos, mas muito gratificantes.

Valor e cultura

Restauração de carros clássicos é uma forma de cultura, como a restauração de obras de arte. É uma maneira de preservar valores. O importante é ter um foco, ter iniciativa, e tomar atitude. É possível também conseguir lucro. Com motivação, você poderá chegar à sua realização e ganhar dinheiro. O mercado internacional de coleções é bastante grande, e você deve lembrar que existe mercado para todo tipo de mercadoria. Você pode oferecer, e ver sendo oferecido, tudo o que quer quando se tem um foco. Focalize aonde você quer chegar: do ponto inicial ao ponto final.

Indico incentivar seus filhos, netos ou sobrinhos a pintarem, lerem, escreverem, montarem carrinhos, reformarem carros clássicos... É importante ensinar às crianças o valor do passado, dos antepassados, das origens. Tudo tem uma história. Tudo tem um contexto. O que vale na vida é deixar uma boa lembrança do que seu antepassado ensinou, dando continuidade a alguma história, sempre com um objetivo cultural. Faça um planejamento disso e inclua essa atividade em meio às suas horas de sono, de trabalho e de lazer e prazer. Com esse exercício, sua vida terá mais qualidade e será muito melhor e produtiva.

Em uma das oficinas de reformas dos carros, Roberto conhece a atividade do pai

Tudo o que a vida nos reserva são surpresas infinitas, surpresas que você mesmo deve criar e escrever em sua memória. Quando você tiver um foco, corra atrás dele com muita vontade, com muita dedicação. Tudo se pode quando se toma a iniciativa certa, a atitude de ter a mercadoria pretendida. O retorno pode vir em forma de dinheiro, prazer e luxo. Para mim, cada carro vendido gerou outros, que geraram mais prazer. Pense assim: "Vou ter o que quero!". Escreva num papel o que quer e guarde isso na sua carteira, ao lado do dinheiro. Quando menos se espera, uma oportunidade aparece na sua frente.

Arqueologia mecânica

Uma vez escolhido um foco na sua coleção, o que você deve decidir é o que colecionar ou adquirir com o tempo. O prazer de usufruir suas horas diárias de lazer deve ser com algo que dê muito retorno a você. O retorno pode ser em forma de ter uma sensação de vitória. Uma das minhas vitórias foi achar vários carros esportivos europeus, e a minha primeira marca foi Porsche. Pela facilidade de falar alemão, por ter andado nos carros da minha mãe e do Petit quando eu era pequeno, e ter a concessionária Dacon do meu lado para me ajudar a procurar peças, tudo isso fez com que eu tivesse um foco muito claro do que iria colecionar.

A garimpagem começa com o que as pessoas de confiança, seus amigos, contam a você. Um dia eu soube que existiam vários Porsche 356 no Brasil e fui atrás. Esse carro teve uma produção de 77.509 exemplares, de 1948 a 1965, com sua mecânica proveniente do VW refrigerado a ar criado pelo Dr. Ferdinand Porsche. A garimpagem começa quando você acha o proprietário do carro e marca uma visita na garagem em que estão os carros. Não se esqueça de levar uma máquina fotográfica, pois colecionar fotos de carros abandonados também é interessante. O dono, muitas vezes, não vende seus carros imediatamente. Tenha paciência e fique sempre motivado para tomar a iniciativa e atitude de entrar em contato com a pessoa, porque um dia ela vende a mercadoria antes de virar pó de ferrugem.

Dois Porsche 356 numa garagem em São Paulo, em 1978

Nessa garagem, existiam dois exemplares do Porsche 356; no canto da garagem estavam os faróis de milha de um deles. Os carros estavam precisando de um dono urgentemente

No caso desses Porsche 356, o dono não as vendeu para mim, mas acabei fazendo amizade com ele e com sua filha. O mais importante é nunca perder o contato com as pessoas e sempre ter prazer em fazer novas amizades. Os Porsche 356 estavam em seu estado original com uma reforma mal-acabada. Um deles tinha seu motor original, e o outro tinha um motor de Volkswagen. Numa Arqueologia Mecânica, você deve procurar todas as peças, que podem estar espalhadas na garagem do dono do carro. Procure se informar sobre o paradeiro dessas peças.

Todos os carros clássicos têm milhares de peças importantes, como os frisos das janelas, os vidros originais com a marca do fabricante e as peças periféricas que completam o carro pronto. As peças mais complicadas de se achar são, sem dúvida, os velocímetros originais do carro. Quando você acha um carro para reformar, repare se o carro tem as peças originais, se não foram muito modificadas. Tome a atitude de mexer no carro todo. Uma vez, fui com um amigo ver um carro de coleção muito interessante: um Alfa Romeo conversível de 1963. Era um lugar sujo e, como eu estava de terno e gravata, meu amigo não acreditou que eu pudesse estar debaixo do carro, fazendo uma vistoria com uma lanterna da oficina e completamente à vontade.

Muitas peças são fáceis de achar com o fabricante ou em clubes de carros antigos. Hoje em dia, os fabricantes têm departamentos especializados em atender o público que tem carros clássicos. Em alguns casos, você pode substituir peças com uso pouco prático no dia a dia. No caso da BMW 1600 GT, existem dois espelhos Talbot Berlin, ou modelo 333, que não têm praticidade alguma, por estarem na frente do para-lamas. Vi um desses carros numa exposição em Paris. O carro tinha espelhos redondos presos à porta. Perguntei ao dono se comprometia a originalidade, e ele me respondeu educadamente que o que comprometia era a segurança dos passageiros e do motorista quando se usa o carro. Numa reforma, deve-se ter bom senso, e as adaptações devem ser feitas com peças de época, ou parecidas com as usadas na época.

Em uma feira de carros clássicos e antigos na Inglaterra: tempo para escolher peças raras e fazer Arqueologia Mecânica

Um dia, um amigo do Rio de Janeiro me contou uma história fantástica. Ele havia restaurado sua Ferrari Dino 246 GT e foi para a fábrica da Ferrari achar exatamente a cor vermelha do código que estava escrito na plaqueta do carro. Chegando lá, apresentaram um senhor que tomava conta do departamento de pintura da Ferrari que respondeu no maior bom humor: "Quando pintávamos os carros, nomeávamos a cor com códigos diferentes uns dos outros. Mas lembre-se de que *'rosso é rosso'* (vermelho é vermelho)". O senhor agradeceu a visita e foi embora.

Comece sua coleção

Qualquer descoberta de um carro clássico tem valor, e esse valor está na qualidade da reforma e em sua originalidade. Sempre tenha em mente que um carro antigo merece reforma, e que existem muitas categorias de carros que são colecionáveis, entre os nacionais e os importados. Se você está entusiasmado e quer tomar uma iniciativa de fazer uma coleção que não seja cara e dê muito prazer, comece com carros nacionais. Comece, por exemplo, com um Volkswagen, que tem peças em todos os lugares e sua funilaria é fácil. Depois, parta para um carro importado, mas tenha foco. Foque no que quer colecionar, em qual quer andar, no que vai dar prazer em suas horas diárias de lazer. Divirta-se com algo que vai acrescentar culturalmente.

Tome uma atitude de procurar os carros em revistas especializadas ou em classificados nos jornais. Existem muitas ofertas de carros antigos. Pense: quem na família não tinha um Volkswagen? Quem não tinha um Corcel, da Ford? Ou um Volkswagen TL ou Variant? Um belo Karmann-Ghia? Um Charger RT? E há tantas outras opções, se falarmos em veículos comerciais antigos, como a Picape ou o Opala Caravan? Um Fiat 147 ou um Oggi? Primeiramente, use seu foco e vá atrás do que quer. Pesquise onde pode comprar seu carro clássico. Depois, pesquise onde pode comprar peças sobressalentes. O divertido é procurar essas peças, desmontar o carro cientificamente e ver o que falta. Ou deixar o carro original ou mudá-lo, sem comprometer o bom gosto ou sua dirigibilidade.

Lembre-se de que cada carro tem uma característica. Carros são como as pessoas: têm caráter e personalidade diferentes. Tenha motivação e convide alguém para partilhar suas horas de prazer diárias, nessa procura e reforma. Cada passo dado em direção ao seu objetivo é uma conquista. Pense assim: "Estou fazendo para mim, mas alguém vai gostar!". Quando terminar a reforma e cansar de andar com o carro, comece a procurar outro imediatamente. Tudo o que a gente faz com gosto na vida tem retorno positivo. Venda o carro e sinta o prazer de ganhar dinheiro.

No Porsche 911 RS 1973: faça do seu carro clássico uma fonte de prazer

Outras coleções automobilísticas

Lá para os idos de 1973, meu tio Renato, que também era publicitário, trabalhava no departamento de tráfego e mídia da Lintas Propaganda, em São Paulo. Ele gostava muito de carros esportivos. Como ele queria ver se os anúncios criados pela agência tinham sido publicados, comprava revistas e mais revistas. Ele comprava na melhor banca de jornal da época, no aeroporto, e sempre me dava as revistas de carros. Com isso, iniciei uma bela coleção, que enche o armário. As primeiras revistas que comprei na vida foram a *Street Rodder*, publicada pela TRM, a *Old Car Ilustrated*, da Challenge Publications, e a *Thoroughbred e Classic Cars*, da IPC Transport Press, que dizia não ter conexão nenhuma com o Classic Car Club of America, e é uma das melhores revistas de carros clássicos que guardo até hoje. Todo aficionado por carros tem e guarda revistas, que são muito úteis para coletar informações e dados.

As revistas que ganhei do tio Renato em 1974, 1977, 1978...

Coleção de mascotes

Uma coleção interessante é a de mascotes dos radiadores. A mais famosa é a do Rolls-Royce, cuja origem é curiosa. Em 1911, Lord Montagu não queria somente uma tampinha para fechar a grande grade do radiador de seu Rolls-Royce, e então contratou um escultor da época, que se chamava Charles Sykes. Lord Montagu queria uma escultura que estivesse sentindo o frescor do vento e ouvindo o *fluttering* (som) do motor. Charles Sykes então esculpiu e imortalizou a amante e secretária de Lord Montagu, Eleanor Thornton, uma senhora que, mais tarde, morreu afogada em um acidente náutico. Estava criada a *Memory of Ecstasy*, uma escultura que tinha originariamente 17,5 centímetros de altura, e que depois ficou menor, para ter harmonia com o design dos Rolls-Royces. Meu amigo Adolfo Cilento, companheiro de inúmeros ralis, ganhou uma mascote dessas de uma

Com a cabeça para a frente, sentindo a brisa e ouvindo o *fluttering* do motor Rolls-Royce, a *Memory of Ecstasy* é a escultura automobilística mais famosa e desejada do mundo

A Memory of Ecstasy, mascote do Rolls-Royce Limited, que era de Adolfo Cilento e me foi presenteada por sua filha

namorada, o famoso "passaralho", que foi originalmente do Rolls-Royce do Conde Crespi. Muitas décadas depois, sua filha Isabela me presenteou com essa raridade, como uma lembrança do grande Adolfo Cilento.

Um dia, eu estava visitando a feirinha de antiguidades do MASP (Museu de Arte de São Paulo), um museu projetado por Lina Bo Bardi e dirigido pelo seu pai, o famoso e polêmico Pietro Maria Bardi. Numa das barraquinhas, descobri uma escultura de um passarinho azul, que na minha memória eu havia visto em um livro de automóveis. Perguntei o que era, e o vendedor respondeu que era um peso de papel. Comprei na hora e fui ver os livros de mascotes na minha casa. Para minha surpresa, a obra era de Red Asche, concorrente de Lalique. Numa das feirinhas do Rio de Janeiro, achei outra escultura de Red Asche: uma mulher alada, como uma Samotrácia. Nos ferros-velhos, consegui as outras esculturas.

À esquerda, Sparrow, de Red Asche, de 1921, obra em vidro azul fosco.
À direita, a Borboleta de Vidro, mascote criada por Red Ashe, em 1920, que achei em uma feira de antiguidades

Quando você começa qualquer coleção, amigos acabam presenteando-o. Em 1987, fiz uma matéria para o *Jornal da Tarde* exatamente sobre essas mascotes. Mais tarde, essa mesma matéria apareceu em revistas e também no meu programa MotorDay, na TV. Também, em qualquer coleção, é preciso ter foco. Você pode colecionar de tudo, mas deve focar numa determinada coleção, no que quer, e ser objetivo.

CAPÍTULO 3

Aprendendo a fazer Arqueologia Mecânica

A DPZ sempre foi vizinha da Dacon, empresa representante da Porsche no Brasil, sediada na avenida Cidade Jardim, em São Paulo. Como o Petit sempre teve Porsches e a cada ano trocava de carro, passei a gostar da marca. O Petit certa vez encomendou um Karmann-Ghia com um motor Porsche 6 cilindros 2.0. Ele mandou pintar de preto, com uma grande faixa dourada metálica no meio do carro, e também trocou os freios, para os de competição. Depois, ele deu o carro para a minha mãe, para que ela nos pegasse na escola. A década de 1960 era criativa e psicodélica. Lembro-me da minha mãe colando umas margaridas gigantescas no seu outro Karmann-Ghia amarelo com motor Porsche.

Marco e eu dentro do Karmann-Ghia de minha mãe: brincando de carrinho

Sylvia e Marco com o Karmann-Ghia que tinha motor Porsche

O fundador da Dacon, Paulo Goulart, trazia os Porsche 912 e trocava o antigo motor do 356 pelo motor de 6 cilindros e 2 litros, já que ficava mais barato importar separadamente do carro. Com o Paulo Goulart, surgiram os Karmann-Ghia Dacon, que tinham carroceria de fibra de vidro, e que fizeram a história do automobilismo no Brasil, com os jovens pilotos Emerson e Wilsinho Fittipaldi e José Carlos Pace.

Minha primeira reforma

Aprendi a fazer Arqueologia Mecânica em um grande ferro-velho que havia atrás do aeroporto de Congonhas, cheio de Mercedes-Benz, Cadillacs, Chevrolets e Jeeps. Estavam lá também quatro Porsches completamente abandonados. Um dia, atravessei a calçada e fui até a Dacon falar com o Paulo Goulart, e ele me recebeu com aquela simpatia habitual, e me contou sobre os Porsches que havia descoberto naquele ferro-velho. Os quatro carros eram dos modelos 912 e 911, com motores originais de 356, 2.0 e 2.4. Os carros estavam em péssimo estado, mas com todos os detalhes e interiores originais. Precisava fazer a funilaria e atualizar a documentação.

Como estávamos em 1979, eles já eram considerados antigos. O Paulo me explicou como fazer a reforma, e como trabalhar com os funcionários da Dacon de uma maneira que eu pudesse administrar financeiramente. Naquela época, eu estava trabalhando junto com Michel Sallouti, Klaus Kursina e muitos outros excelentes profissionais na Interteam, produtora de comerciais que fazia os filmes de propaganda da Coca-Cola, Glasslite, Danone, entre outros. Na moviola (a máquina em que se editavam os filmes), estavam o Cantídio e a secretária dele, Vera, pedindo-me encarecidamente para tirar os carros antigos que eu havia estacionado no cenário depois que os tirei do ferro-velho.

Os carros foram para um funileiro que ficava ao lado da produtora, na avenida Central do Brooklin, e depois diretamente para a Dacon, para fazer a mecânica e a suspensão. O funileiro, um senhor

Filmando com uma Arriflex na produtora Interteam

muito maluco, era um verdadeiro artista. Ele mandava comprar as chapas e fazia o artesanato. Na avenida Pe. Antônio José dos Santos, próxima ao aeroporto, havia um tapeceiro espetacular. Ele trabalhava com os couros que eu comprava da Marcia Podboi (o curtume Podboi era um dos melhores do mundo). Eu adquiria os couros tipo exportação com as furações originais de fábrica.

Minhas pesquisas sobre restauração de carros fizeram com que eu fosse parar na primeira loja especializada em clássicos da América Latina, que ficava no Ipiranga e era dirigida por Romeu Siciliano. Com aquele jeito de vendedor de feira, do qual ele se orgulhava muito, foi um grande incentivador que tive da Arqueologia Mecânica. O galpão particular dele era um verdadeiro museu de raridades. As peças eram muito bem selecionadas e a cabeça dele funcionava detalhadamente para cada tipo de carro e modelo. Romeu Siciliano foi um dos homens mais importantes na minha carreira de especialista em reformas, se assim podemos dizer, pois não existem especialistas no mundo todo até hoje. Alguns se autointitulam especialistas em marcas, mas até os puristas das marcas morrem de rir com tanta sabedoria e preciosismo. Na verdade, todos esses "especialistas" são especuladores; quando o carro não é deles e nem a venda, os carros dos outros não prestam. Assim é o mercado: o que é meu vale ouro, o dos outros é lixo. É preciso lembrar que carros antigos geralmente já sofreram alguma reforma e muitas peças foram mudadas. Uma boa parte dos carros antigos, depois de descascada a pintura e observada a lataria, são verdadeiras colchas de retalhos, não importa se é um Porsche ou um Rolls-Royce.

A importação no Brasil foi proibida em 1974, e só foi reaberta na era Collor. Durante esses anos, muitas reformas foram feitas. Os

Porsche 912 transformado para modelo 1974, e um Porsche de 1974 original em frente a ele, em foto tirada na German Cars, no Rio de Janeiro

Porsches eram como os Volkswagens de 1951: era só cortar o ferro do meio do *split window*, a janela dupla, e colocar o vidro inteiriço para modificar o carro para o modelo 1953. As concessionárias de carros importados traziam os acessórios e a modificação acontecia. Pelas novas leis de trânsito e segurança norte-americanas de 1974, os para-choques tinham de ser vendidos ao público com amortecedores e horrendas sanfonas laterais.

A paranoia americana tomou conta do mundo. Os fabricantes acabaram aderindo e modificando os *designs* dos carros para a adaptação dessas peças. O Mercedes-Benz e o Porsche ficaram com estética e *design* sem harmonia. O brasileiro, ligado a modismos, mandava fazer a modificação para o modelo 1974, e o carro ficava moderno. Os Porsches do ferro-velho que eu adquiri ficaram exatamente assim de 1977 a 1992, quando só então foi possível mandar buscar as peças originais e voltar o carro para a originalidade, o que dá muito trabalho e custa muito dinheiro.

Por causa de uma lei de segurança norte-americana de 1974, um para-choque imenso foi colocado no Porsche, com amortecedores e sanfonas laterais de borracha

O Porsche incompleto

No fim dos anos 1970, o mercado norte-americano estava procurando um carro para jovens, e a Porsche fez o Volkswagen-Porsche, lançado com anúncios geniais criados por Bert Steinhauser, da Doyle Dane Bernbach, que criava as propagandas para a Volkswagen. Os primeiros dos 118.978 exemplares que foram vendidos de 1969 a 1975 vinham com motor 1.750 cm³. Depois, foi lançado o 2.0, que tinha o mesmo motor da Kombi brasileira, o 411, e por fim o Porsche 914/6, com motor 6 cilindros e 2 litros, que fazia o carro atingir a velocidade de 210 km/h. O Porsche 914 tinha uma característica de fábrica: em dias de chuva, o teto targa pingava na perna esquerda do motorista. Quando você saía do carro, parecia que havia feito xixi na calça.

O Porsche 914 foi bastante importado pelos brasileiros. Com o teto retrátil que entrava no porta-malas, esse modelo era ideal para o clima tropical. Seu maior rival na época era o Fiat 850 conversível, com desenho de Bertone, que vendeu espetacularmente 500 mil exemplares de 1965 a 1972. Mesmo com essa produção gigantesca, esses são considerados carros raros e são desejados no mundo todo, e quem os comercializa ganha dinheiro com a valorização anual.

O primeiro Porsche 911 em que andei na vida foi o do Petit, que sempre gostou de velocidade. Foi com ele que aprendi a curtir essa liberdade. Mas o primeiro Porsche 914 em que andei foi o do arquiteto Eduardo Longo, no Guarujá. O carro era de cor prata, modelo 914/6, com o motor de 6 cilindros. Era 1972, eu e meu irmão, pequenos, achávamos o máximo alguém poder andar na praia do Perequê de carro. O Eduardo fez várias casas modernas na praia de Pernambuco, cujos telhados deixavam passar luz natural e eram um pouco abertos para que a chuva entrasse na casa. Nossa casa, inclusive, foi uma das construídas por ele. Como no Guarujá chove as férias todas, e praticamente todo o ano, minha mãe mandou fechar com vidro o restante que faltava antes de a casa ser totalmente inundada.

A casa do próprio Eduardo Longo, em São Paulo, era genial: ele estacionava o Porsche 914/6 na sala de estar. Cada vez que ele pintava a casa, aproveitava e pintava também o carro. O Porsche teve as mais variadas cores. Uma vez ele foi pintado de verde militar, inclusive no para-brisa! Com uma gilete, ele abriu um risco para enxergar o que vinha pela frente. Pintou os bancos, o painel, tudo. As rodas tinham as cores azul-claro, amarela e vermelha, e a grade da tampa do motor central do carro, com as mesmas letras da logomarca do Porsche, tinha pintada a pergunta: "Por quê?". Havia uma lenda urbana, e há várias sobre Porsches, que é completamente absurda. Diziam que o Eduardo havia plantado grama no porta-malas do carro. Essa história surgiu porque um belo dia ele colocou lá uns vasinhos com flores, e isso virou um "jardim".

Em 1978, durante uns quatro meses seguidos, ligava para o Eduardo às 9 horas da manhã perguntando sobre o carro. Um dia, ele finalmente falou para que eu o buscasse. Comprei e levei o Porsche 914/6 para a oficina e, desmontando, vi realmente quantas cores ele tinha. O motor estava modificado para o do primeiro Gol refrigerado a ar. Um amigo, sabendo dessa compra, me deu a dica de onde estaria seu motor original, pois foi a última tentativa da Porsche de oferecer a mesma carroceria a um público que considerava esse modelo o *poor man's Porsche*, ou seja, o Porsche "do homem pobre". Fui atrás do motor, mesmo sabendo que a Dacon tinha um estoque de motores 2 litros e 6 cilindros jogados em um armário.

O Porsche 914/6 já sem a pintura verde militar, em 1978

Os bancos do 914/6 pintados de verde militar

Porsche 914/6, preparado para pintar na cor original

Cheguei a um senhor nordestino que tinha uma oficina, e que havia colocado o motor do Porsche na Brasília. Depois de muita conversa, tive de comprar o carro inteiro. Voltei andando com aquela Brasília, e, na oficina, tirei o motor, que foi para uma caixa. A Brasília recebeu um motor original e foi vendida imediatamente, e com isso ganhei dinheiro.

O motor *matching numbers* existe na caixa até hoje e está comigo. Depois da reforma, o Porsche 914/6 foi vendido sem o motor, pois o comprador não fazia questão nenhuma de ter um motor alemão que fosse o original do carro. Coisas estranhas em venda sempre acontecem! O carro foi pintado de vermelho por mim, mas o dono dele pintou-o de branco e nunca colocou o motor AP da Volkswagen. Ganhei dinheiro depois de tanto esforço em tomar a atitude certa de comprar o carro do Eduardo. Essa é uma curiosa história de um carro que ficou incompleto. Como diz meu amigo Fernandinho Eugênio: "Depois de vendido, se o dono quiser colocar fogo no carro, o problema é dele". Há pouco, vendi esse motor para um colecionador do exterior, e novamente ganhei dinheiro.

CAPÍTULO 4

Comprando, vendendo e ganhando

Iniciada minha coleção, carros de todos os tipos passaram a me ser oferecidos: Mercedes, Porsche, Alfa Romeo, MG, até um Austin Healey MK 3000 de um italiano que morava em frente à nossa casa. Como sempre gostei de viajar de carro, ia parando em todos os ferros-velho da Dutra. No início da estrada do Rio de Janeiro para São Paulo, era impressionante a quantidade que havia deles. No Rio de Janeiro, a capital do Brasil até o governo do presidente Juscelino Kubistchek, em 1960, eram vistos os carros mais impressionantes: Cadillac, Chevrolet, Jaguar e outros que foram se desmanchando de ferrugem e maus tratos. Até o final da década de 1970, você poderia comprar um raro automóvel como sucata, ou com o dono que queria se desfazer dele para desocupar espaço.

Um grande colecionador de carros antigos era o Flavio Marx. Ele era uma pessoa inteligente, pitoresca, advogado, engraçado e cheio de histórias divertidas, que, na década de 1960, resolveu colecionar carros esportivos europeus. Foi com ele que aprendi que o colecionador deve ter um foco, focar no que quer colecionar, para que a coleção não pareça uma colcha de retalhos. Existem colecionadores que têm bons carros, alguns muito originais, *station wagons* misturados com carros esportivos de várias décadas. Uma coleção deve ser organizada, e a minha, por exemplo, só tem carros com *design*. Por vários anos, colecionei somente Porsches, mas depois parti para a Alfa de Pininfarina e Bertone. Hoje, minha coleção é de BMW, que tem o *design* de Pietro Frua, o mesmo *designer* da Maserati, Lamborghini e do Rolls-Royce Corniche conversível. Mercedes-Benz não tem *designers* específicos. O modelo mais bonito é o 300 SL "asa de gaivota", que foi desenhado por Rudolf Ulenhaut, o único *designer* alemão reconhecido pela fábrica da Mercedes-Benz.

Uma história ótima aconteceu com o Flavio. Certo dia, perdido num bairro desconhecido, achei na garagem de uma casa uma bela Lotus Europa. Parei meu carro imediatamente e toquei a campainha da casa. Uma mulher, muito nervosa, falou que o carro havia sido abandonado havia mais de três anos, e que o dono era um advogado. Na hora, peguei meu telefone celular (que é o melhor amigo de um colecionador de carros clássicos depois da quebra), e liguei para o Flavio Marx. Só podia ser ele. O Flavio apareceu em seguida com um guincho e retirou o carro, se desculpando à senhora por tanto tempo parado na garagem. Ele havia parado o carro na garagem da senhora, e tinha esquecido o endereço.

Lotus Europa, Fiat 124 e Alfa Romeo 2.300: *barn find*

Percebendo as tendências

Quem tem um Mercedes-Benz 300 SL asa de gaivota sempre duvida que outro colecionador tenha esse modelo. Aconteceu uma história engraçada num restaurante do prédio da Dacon: um colecionador perguntou sobre um chassi de 300 SL que eu havia descoberto, e eu falei sobre um que começava com os números 4 e 5. Só que todos os asa de gaivota têm o ano de fabricação escritos ao contrário como início do número do chassi! O meu foi fabricado em 1954. O colecionador nem tinha ideia sobre o que eu falava. Na década de 1980, esses carros não valiam mais que um Mustang. O mais interessante é que eles são muito desconfortáveis de dirigir em países tropicais, com aquelas pequenas janelas das portas e sem ar-condicionado. Um carro lindo, veloz, mas de conforto decepcionante. Hoje, em qualquer revista inglesa ou alemã, há pelo menos cinco ou seis sendo oferecidos ao mercado por preços absurdos, e ficam anos à venda. Muitos especialistas em Porsche compraram o modelo RS de 1973 em 2005, seu preço subiu até um limite em que não há mais para quem vender, e existem vários no mercado.

Mercedes-Benz 300 SL no museu da Mercedes-Benz em Stuttgart, em 2004

Nem sempre há mercado para todo tipo de mercadoria. Numa coleção, para se fazer dinheiro, é preciso perceber as tendências: a moda do Karmann-Ghia, do Volkswagen e, hoje, a exportação da velha Kombi. Quem diria, a Kombi, depois de completar 50 anos, vira um item de coleção mundial! Quem percebeu isso está fazendo dinheiro agora. Existe uma diferença entre a percepção e a realidade, e quem percebe antes transforma dinheiro em realidade. E, se você pensar no mercado em que o colecionador quer um carro barato para colecionar, reformar e começar a coleção, pense em vender os populares mais conhecidos. Percepção é a tendência, e realidade é o dinheiro que vem da venda da tendência.

Acima, uma Kombi 1956 impecável, da fazenda de Flavio Marx

Uma Kombi muito rara.
Simples por dentro e por fora

Que tal pegar uma Kombi Camping e sair com a família? Divirta-se!

O astro do cinema

Como dizia uma propaganda americana da Segunda Guerra Mundial: "O Jeep é indestrutível. Ou quase". Tive um Jeep que me serviu de 1979 a 1989. Quando ia tomar a atitude de mandá-lo para uma reforma geral de funilaria, porque a maresia da praia o havia destruído, eu achei nos classificados do Estado de S.Paulo um anúncio assim: "Vendo Fiat 1100 TV Transformabile que participou das filmagens do *Rei do Rio*". Liguei na hora, pois esse tipo de anúncio outros colecionadores rápidos também leem.

O senhor que me atendeu consertava Lambrettas e tinha esse carro e toda a papelada de importação para a filmagem da Vera Cruz. Perguntei se o carro andava e o preço. O senhor respondeu que gostaria de trocar por um outro "carrinho" tipo Jeep. Era meu dia de sorte, e lhe dei meu

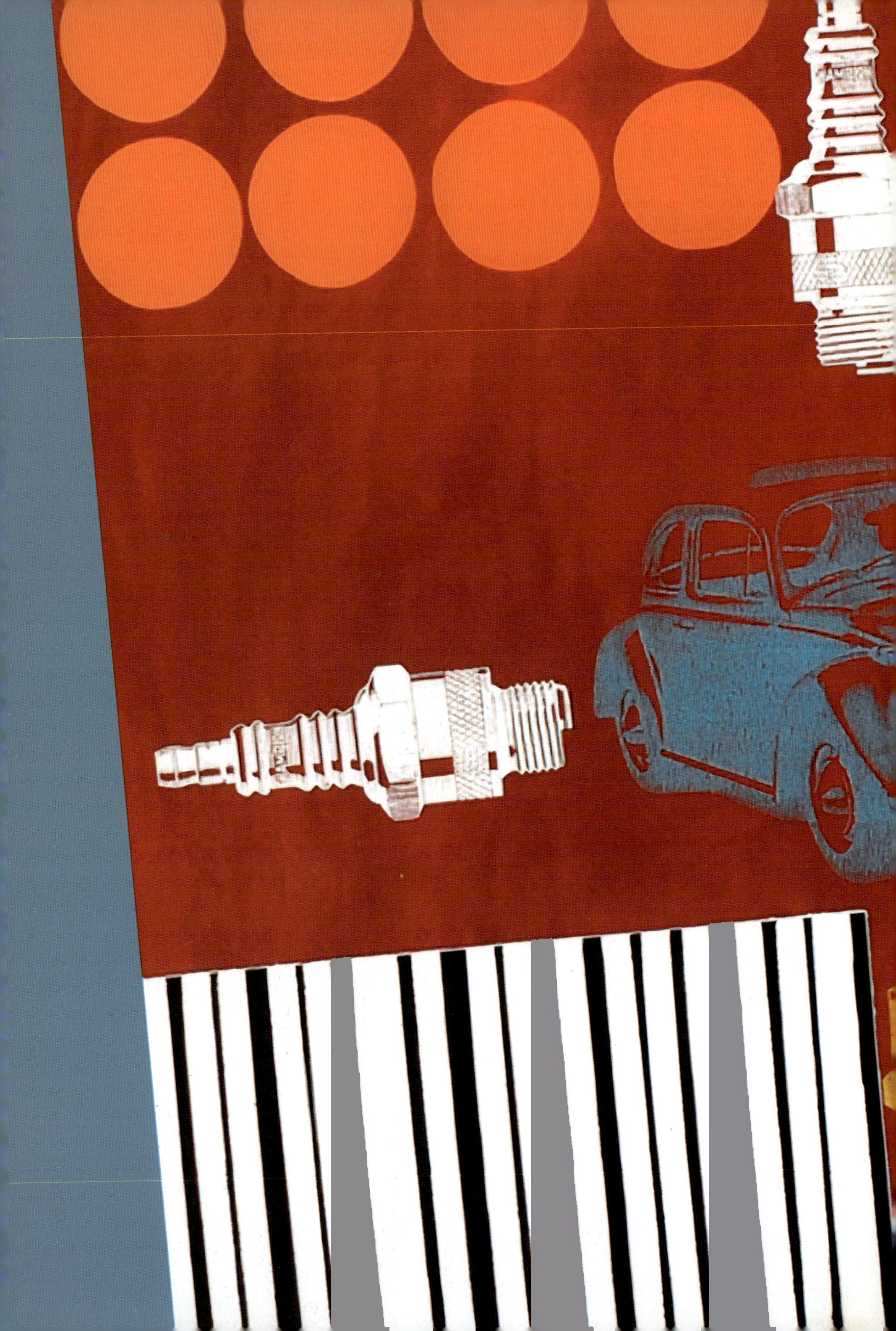

Quadro de Rubem Duailibi
Acrílico sobre tela e silk-screen
2008

Fiat 1100 TV Transformabile, um dos desenhos mais bonitos de Pininfarina

O Fiat Transformabile rabo-de-peixe com piscas de Karmann-Ghia

Os bancos do Fiat 1100 TV são giratórios, o que facilita a saída do habitáculo

endereço. Depois de duas horas, o senhor apareceu com o Fiat 1100 Touring Veloce Transformabile, design Pininfarina Carroceria Speciale de 1957, conversível. Foram produzidos apenas 3.393 exemplares, de 1955 a 1959, e só um deles veio para a América Latina. Desenvolvia 58 cavalos de força a 5.300 rotações por minuto e atingia a velocidade máxima de 180 km/h.

Fiat 1100 Touring Veloce 1957

Era o carro mais lindo que já vi. Com aquela grade enorme na frente, que parecia a de uma Ferrari, seu banco girava para que o motorista saísse do carro mais facilmente. O motor de 4 cilindros funcionava, mas o câmbio se tornaria uma dor de cabeça futuramente. Um carro íntegro, que tinha a papelada de embarque e desembarque da alfândega, da filmagem com Cary Grant. Era meu dia de muita sorte e de ganhar dinheiro! E, naquele dia, eu havia começado meu dia olhando para o espelho de manhã, antes do banho, e gritando: "Hoje vou ganhar dinheiro!".

O Jeep saiu andando, e o senhor, feliz da vida. A reforma do Fiat 1100 TV Transformabile foi completa, só faltavam detalhes. Numa viagem à Toscana, fui a um castelo em San Casciano, e o senhor Eugênio e a esposa eram os anfitriões e tinham seus *contadini* – empregados que moravam naquelas casas antiquíssimas de pedras. No castelo, es-

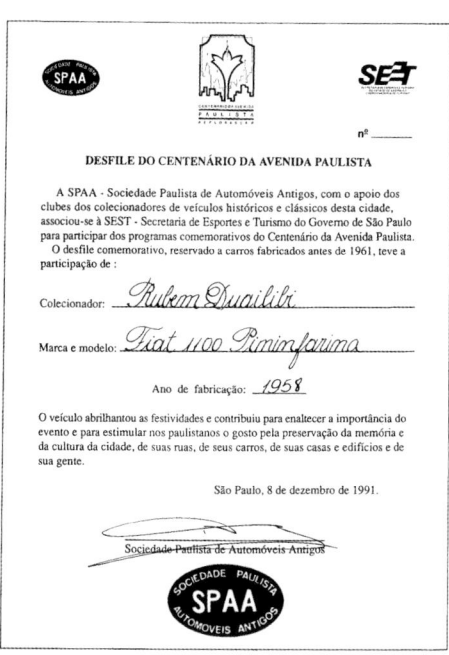

Em 1991, participei com o Fiat 1100 Pininfarina do desfile do centenário da avenida Paulista

tavam abandonados no campo três Fiats 500, que tinham exatamente as peças que eu queria. Tomei a iniciativa e a atitude de perguntar ao senhor Eugênio o que eles iriam fazer com os carros abandonados, e ele me autorizou a desmontá-los. Naquele instante, eu estava diante das peças que iriam diretamente para o Fiat 1100 TV Transformabile. Levei ferramentas emprestadas de um mecânico local e comecei a minha desmontagem cirúrgica.

Aquela desmontagem tinha de ser feita com carinho e muita paciência, pois as peças eram todas de alumínio. Eu havia alugado um Citroën BX em Paris, com *design* Bertone, e fiz a viagem à Itália em 1990. Eu nunca imaginei estar desmontando vários Fiat 500 e 600 no campo da Toscana, enquanto via bodes (ou eram cabras?) subindo na capota do Citroën e me observando silenciosamente de cima. Mas a história impressionante é que eu tinha trocado um carro comum por um Pininfarina. Em 1992, esse carro foi para a coleção certa, de um colecionador italiano. Nesse caso, tive iniciativa, atitude, tempo, sorte, e ganhei dinheiro. Quando se tem a oportunidade de tocar uma raridade dessas, não se pode deixar passar.

Muitos dos carros que anunciei no jornal demoraram somente algumas horas para serem vendidos. Aconteceu diversas vezes de o futuro comprador ficar apaixonado, mas ter de mostrar o carro para a namorada ou esposa. Quando isso acontece, geralmente outro comprador leva a mercadoria em algumas horas. Um dia, um comprador hesitante me ligou no escritório para perguntar novamente do Porsche, mas eu o venderia no telefonema seguinte. Existem carros e oportunidades. E existem pessoas que perdem seu tempo e fazem perder o meu tempo. Essas pessoas geralmente são as perdedoras, pois no mundo existem as que nasceram para ganhar e as que nasceram para perder. E você tem de ter na cabeça: nasci para vencer! Num dos anúncios, eu até havia escrito: "Vacilou, dançou!". Os anúncios de venda desses carros devem ser curtos e criativos. Os compradores certos aparecem com uma velocidade impressionante, e o telefone fica entupido. Outra dica para despertar a curiosidade é nunca colocar o preço. E lembre-se: nasci para vencer!

Um presente valioso

Em 1970, meu pai trocou, na Mesbla Veículos, seu Galaxie por um Opel GT prata, e o deu à minha mãe. À noite, meu pai entrou em casa meio arrependido, perguntando-se: como pôde trocar um monte de lata por aquele carrinho esportivo? O que será que aconteceria com o Galaxie? Em que ferro-velho ele iria parar? Em 1979, minha mãe deu o Opel GT para mim, e hoje ele ainda está na minha garagem, com seus apenas 62 mil quilômetros originais. Em 2007, ganhei com o Opel GT o troféu Master na XVIII Exposição de Carros Clássicos no Forte de Copacabana, organizado pelo Veteran Car Club do Brasil, sob comando do Muricy, uma excelente pessoa, também colecionador. Esse carro foi administrado, em todos os sentidos, para que o tempo passasse e recebesse o prêmio máximo de uma exposição. Hoje, o que se discute são os carros de um único dono, carros que não sofreram nenhuma reforma, ou apenas algumas reformas com o tempo, mas permanecem na mesma família. Lembro-me de, alguns anos atrás, uma discussão entre filatelistas: o selo que vale mais é o que nunca foi usado, comprado diretamente do correio, ou aquele que já foi usado, que tem um carimbo e cumpriu sua função?

Eu com o Opel GT 1970

O Opel GT foi criado para o mercado americano, dos estúdios da Opel AG na Alemanha, já sem muita identidade de um *designer* específico, mas por uma equipe técnica especializada. O desenho surgiu de um protótipo do Corvair, que foi apresentado no Salão do Automóvel em Frankfurt em 1962. O Opel GT surgiu muito antes do Corvette Stingray, e foi lançado cinco anos depois, junto com o Corvette. Nos anúncios publicitários da época, o *slogan* era: "*Nur fliegen ist schoener*", que quer dizer: "Só voar é mais bonito". A General Motors alemã ensinava a GM americana como fazer um bom *design*, que mais tarde teve a continuação com os Corvette e seus motores potentes.

A General Motors acabou com a fabricação do Opel GT em 1973, porque sua carroceria era feita na França, tornando a montagem na Alemanha um pouco cara se comparada com a carroceria feita de fibra de vidro do Corvette, que se mantém em linha em várias outras gerações até hoje. A General Motors havia acertado o *design* de um carro esportivo, desenhado por especialistas europeus. O Opel GT vinha com duas motorizações: 1,1 litro e 1,9 litro, que desenvolvem 90 cavalos de potência, o mesmo motor do antigo Opel Kadett. Era um carro feito para jovens sem bagagem ou filhos, pois seu pequeno espaço atrás dos bancos era o porta-malas. Os faróis abrem lateralmente por uma alavanca no console, manualmente. Era a época dos carros sem tanta eletrônica embarcada. Um tempo romântico, quando dirigir trocando as marchas do câmbio e sentindo a velocidade e curvas era um prazer.

O Plymouth 1929 e a carrocinha

Depois de tantos anos em que você se doutrina a ver carros maravilhosos das décadas de 1920 e 1930, e na ilusão de ter um *hot rod* com mecânica moderna, um dia me ofereceram um Ford 1933. Ford, no Brasil, sempre foi um carro extremamente popular, e os antigos eram achados em ferros-velhos no interior paulista. Mas eu não queria um Ford. Os únicos carros legais da Ford que minha família teve foram um Corcel GT vermelho e preto, e um Maverick V-8 amarelo e preto.

Um dia, em 1980, me apareceu um Plymouth 1929, com banco da sogra, para-lamas pintados de bordô e carroceria branca. O carro foi comprado em Santana do Parnaíba, e estava dentro de uma casa de um padeiro do lugar, que estava de mudança para São Paulo, pois queria que suas filhas estudassem na FAAP (Faculdade Armando Álvares Penteado). O padeiro iria trabalhar numa padaria em frente à faculdade, e já era um homem de idade avançada. O carro foi adquirido e levado até a marginal Pinheiros, quando fundiu a junta do cabeçote pela primeira vez. Chamei o guincho e levei o carro com sua placa amarela para uma oficina, que era especializada em carros da década de 1920 e de 1930, no centro de São Paulo. A junta foi trocada com "a rapidez" de três dias. Primeiro, havia a peça e não havia o mecânico; depois, a oficina não abriu no outro dia; no terceiro dia, colocaram a peça do lado errado. Fundiram-se ainda mais quatro juntas depois de esmerilharem o cabeçote. Aí eu percebi por que a oficina estava lá desde 1930: porque eram incompetentes para crescer. Eles estavam acomodados em fazer serviços malfeitos e com muito amadorismo. O outro problema com o Plymouth 1929 era achar um pneu aro 21,5 para suas rodas raiadas. Era um carro muito mais elegante que um fordinho.

Mas, com a importação proibida desde 1974, ficava impossível pedir para alguém da família trazer um jogo de pneus da Europa ou dos Estados Unidos. Até hoje, pneus são taxados pela alfândega brasileira, o país da borracha. Um dia, eu estava sentado em uma lanchonete do Itaim Bibi quando vi passar uma carrocinha com um homem puxando um monte de papéis e ferro. Levantei da mesa e fui falar com o carroceiro, perguntando se ele gostaria de me vender as rodas com os pneus da carrocinha, que eram de aro igual ao que eu precisava. Obviamente, o senhor ficou atrapalhado, pois nem sabia o quanto aquilo valia para mim.

Fiz um negócio ótimo para ele e para mim: ofereci comprar o carrinho com tudo o que tinha em cima. Eu arrancaria as rodas, ele chamaria outra carrocinha e colocariam a carroça em cima da outra, com tudo o que estava lá, menos as rodas. Ele topou na hora, sem hesitar em aceitar a oferta. Naquele momento, ele estava ganhando dinheiro fácil. Arranquei as rodas, e, junto com o garçom da lanchonete, fomos rolando as rodas até a garagem do prédio do nosso escritório. Os dois pneus de que eu precisava ficaram no carro até ele ser vendido. Com criatividade, atitude e iniciativa, foi um bom negócio para o carroceiro e para mim. Vendi o Plymouth 1929, e o novo comprador, quando estava chegando em sua casa, viu que a junta de cabeçote fundiu!

Venda internacional

Um grande colecionador de carros de corrida havia falecido, Alcides Diniz, e, numa conversa com um amigo meu de infância, Bico Stupakoff, eu soube de outro amigo que colecionava o tipo de carro que Alcides Diniz tinha, um francês que morava na Inglaterra. Tomei a iniciativa de mandar todas as informações pela internet sobre a coleção, e seu endereço virtual, para que fosse acessada. O colecionador francês ficou interessado na mercadoria e mandou al-

A Ford GT 40, carro de corridas original, teve final feliz nas mãos do novo colecionador

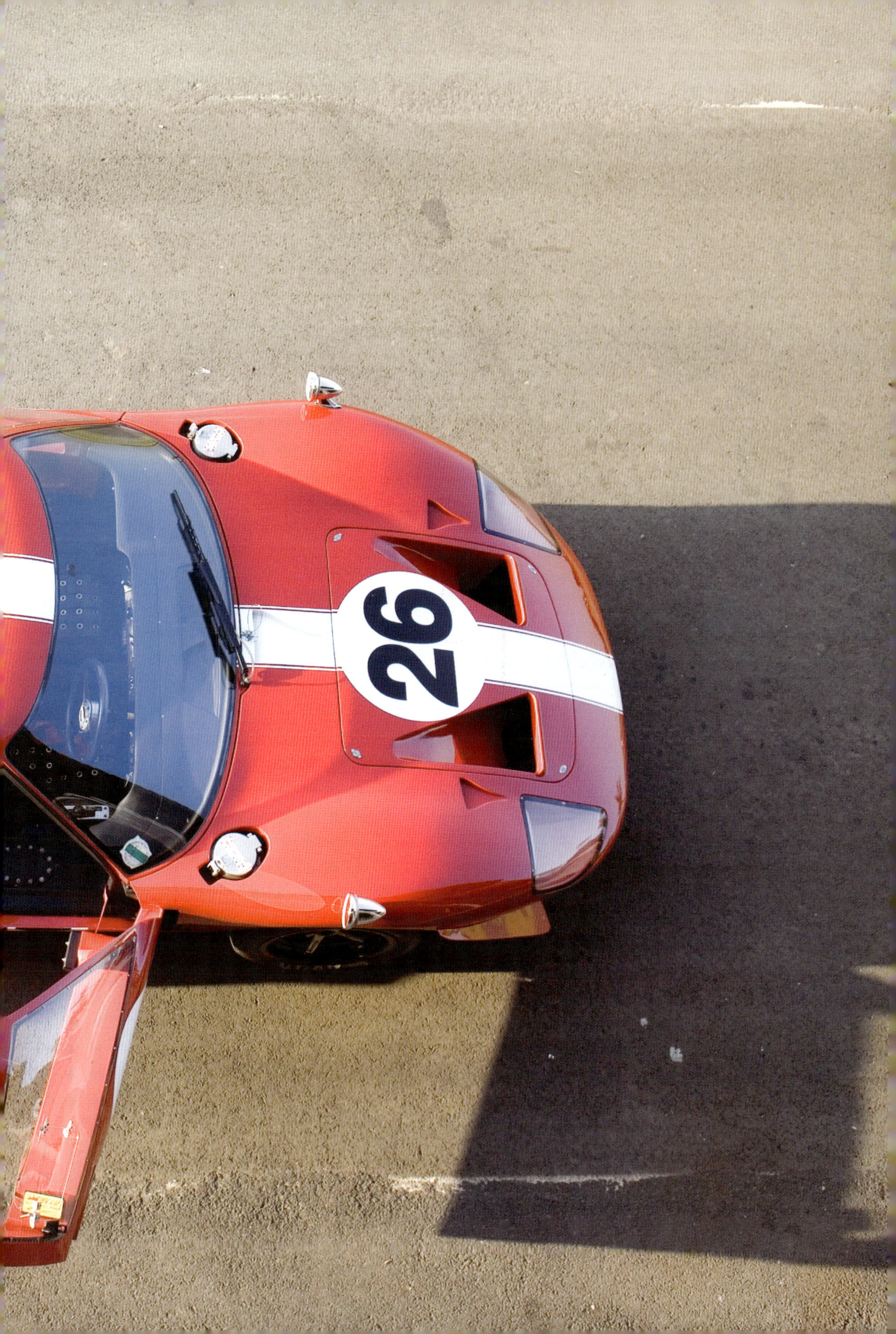
26

guns especialistas verem o que ele poderia comprar. Eu e Bico vendemos tudo no dia 18 de setembro de 2006. Essa foi uma das transações mais fáceis de se fazer, pois o comprador tinha um foco: colecionar carros esportivos de corrida. A venda, obviamente, não transcorreu da mesma forma, foi confusa. Mesmo assim, a coleção, que geralmente não dura uma geração, teve um final feliz. O dono atual dos carros os usa em eventos internacionais.

A garagem do colecionador Alcides Diniz era um sonho, com carros maravilhosos. À direita, o Mercedes-Benz AMG, uma das maravilhas da coleção

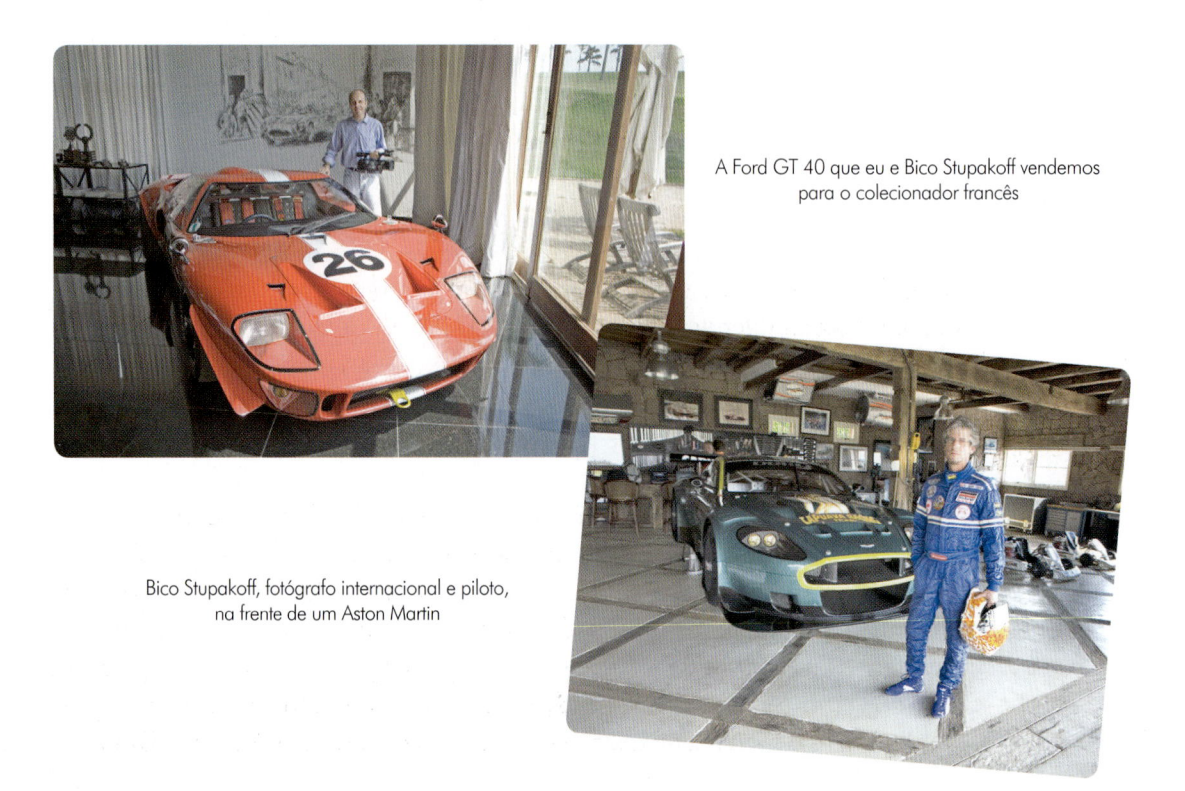

A Ford GT 40 que eu e Bico Stupakoff vendemos para o colecionador francês

Bico Stupakoff, fotógrafo internacional e piloto, na frente de um Aston Martin

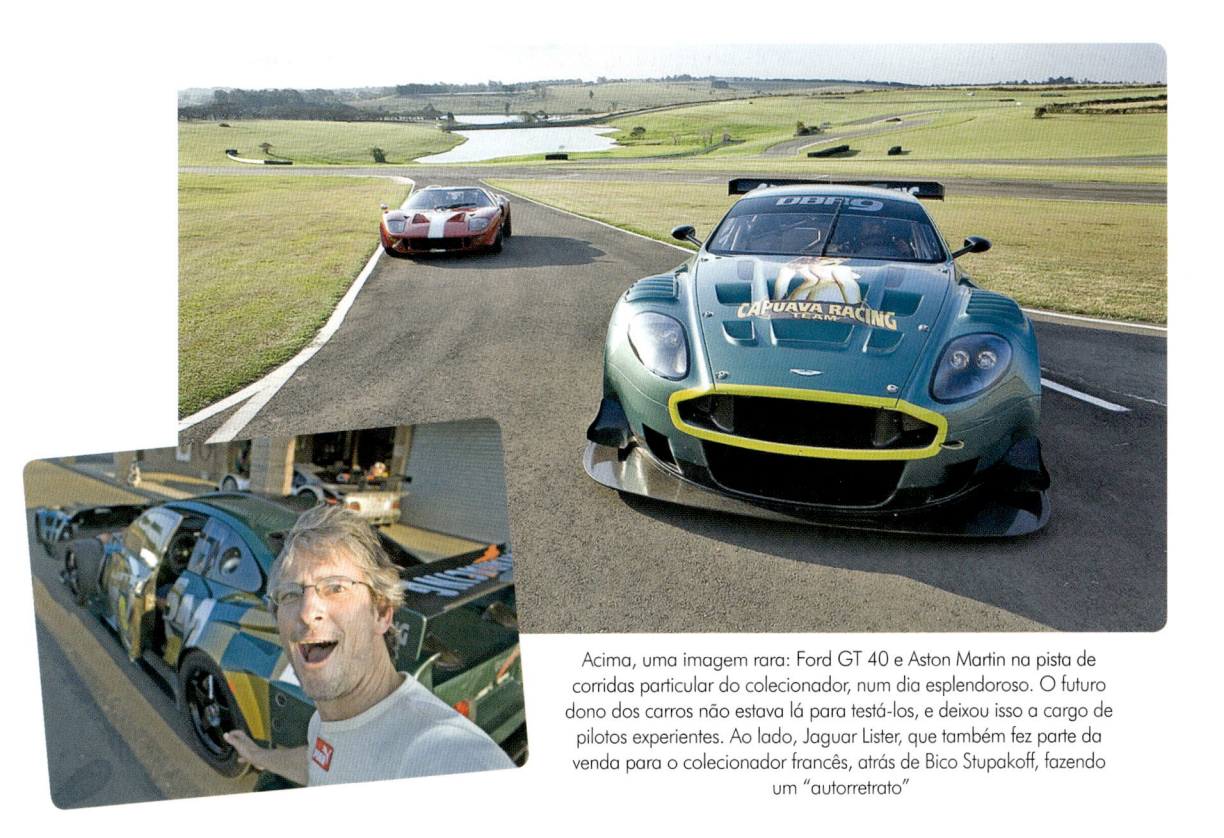

Acima, uma imagem rara: Ford GT 40 e Aston Martin na pista de corridas particular do colecionador, num dia esplendoroso. O futuro dono dos carros não estava lá para testá-los, e deixou isso a cargo de pilotos experientes. Ao lado, Jaguar Lister, que também fez parte da venda para o colecionador francês, atrás de Bico Stupakoff, fazendo um "autorretrato"

O vendedor de Porsches

Muitos fatos aconteceram comigo e com nossa vizinha Dacon. Um dia, quando eu estava lá vendo o novo Porsche 911, um senhor, que estava de camisa, short e sandália de dedo, me abordou e perguntou sobre o novo carro. Paulo Goulart estava atrás de mim, só observando que nenhum vendedor estava atendendo aquele homem. O João, vendedor principal, estava atendendo um comprador de um Volkswagen no andar de cima – ele era o recordista em vender um modelo chamado TL, igual ao que meu avô tinha. O senhor perguntou se poderia abrir o Porsche e, silenciosamente, o Paulo me deu a chave.

O senhor ficou encantado com o carro, e eu fiquei explicando tudo. Mostrei o porta-malas, o motor. Estava na função de vendedor, de publicitário. "Quais são as cores?", perguntou o senhor. Respondi que havia na cor preta, vermelha e prata. O senhor queria comprar dois, um para a esposa e outro para ele. O Paulo, com aquela típica camisa branca para fora da calça, totalmente informal, completou a venda para o senhor de camisa, short e sandália de dedo. Mais tarde, naquele dia, o Paulo me ligou na DPZ e pediu o número da minha conta bancária. Eu acabava de ganhar uma comissão de venda.

Um dia, o Marcos Petinatti, genro do Paulo Goulart, me ligou e perguntou se eu tinha um comprador para um Jaguar XJ 12. Eu o vendi à tarde e repartimos a comissão. No dia seguinte, o novo dono do carro me ligou e falou que tinha vazado muito óleo no chão e queria devolver o carro. Era o típico comprador que não entendia de carros antigos. Carros ingleses sempre fazem poças de óleo desde que saem da fábrica. Pedi que viesse à Dacon. Quando ele chegou, devolvemos o dinheiro. Já havia um novo comprador, amigo meu do Jeep Club, que levou o carro por 25% a mais do que havíamos vendido. O Marcos Petinatti recebia, em menos de 24 horas, duas comissões. O novo dono do Jaguar estava feliz, porque chovia muito dentro do Jeep que ele tinha.

Anos depois, o Marcos me liga na DPZ e pede socorro. Havia um alemão que tomou a iniciativa de entrar na loja aos berros, e ninguém entendia nada do que ele estava falando. Tomei uma rápida atitude e fui falar com o alemão em sua língua natal. Ele era parente dos Porsche, o famoso *marchand* chamado Hans Daxer, casado com Louise Porsche Piëch, irmã de Ferdinand Porsche. Ele queria expor umas telas gigantescas de um pintor alemão, e perguntou se poderíamos fazer isso imediatamente. Perguntei ao Zaragoza, que era na época o diretor do MAM, Museu de Arte Moderna. Havia um problema de agendamento, mas o Zaragoza foi extremamente simpático com o Hans e mandou pintar as paredes do museu. A exposição foi amplamente divulgada pela assessoria de imprensa da DPZ, e o Hans Daxer virou meu amigo.

CAPÍTULO 5

Os clubes de colecionadores

As primeiras exposições

Quando você pega a "doença da ferrugem", como eu disse, ela nunca mais se solta de você. Na década de 1980, foram acontecendo no Brasil alguns poucos eventos com carros clássicos e antigos. Um dos primeiros de que participei foi na Hípica de Santo Amaro. Levei um Porsche 911.

O Porsche 911 targa com a família e sobrinhos dentro

Automaticamente, vieram os curiosos saber quem era o jovem que dirigia aquele carro. Alguns especialistas arriscavam falar que o carro era de fulano ou de beltrano. Todos os Porsches têm uma história romântica que vira trágica no final, com lendas urbanas, como capotamento, fogo e destruição parcial. Mas aquele Porsche 911 tinha sido de um único dono. Fiquei observando os comentários daqueles *experts*.

Em todos os grupos ou sociedades, um novo integrante pode ser bem-vindo ou não. Quando você começa uma coleção de carros, é inevitável que você passe a frequentar clubes de marcas, e cada clube tem um personagem ou personagens com os quais se tem mais ou menos empatia. Muitas pessoas tornam-se amigas para o resto da vida, e a outras ficamos indiferentes. Pode haver ciúmes, inveja, mas isso é comum em qualquer ambiente. E é comum ouvir de tudo sobre seu carro, sobre sua reforma e sobre sua coleção. Mas não ligue. Vá em frente.

Bem, minha primeira exposição foi em 1983, e o Porsche 911 foi premiado. Clubes de carros antigos naquela época eram poucos, hoje há milhares. Graças a contatos e a amizades no Chevrolet Club do Brasil, participei do II Salão do Automóvel Antigo, que aconteceu de 12 a 26 de julho de 1985, no pavilhão da Bienal, no parque Ibirapuera. Subir a rampa do pavilhão de Porsche foi emocionante. Essa exposição foi um marco para tudo o que aconteceu depois. Muitos patrocinadores começaram a se interessar por esse tema: o carro clássico e histórico.

O diploma da primeira exposição do Porsche 914/6
na Bienal do Ibirapuera, em 1985

Com a BMW V-8, o "anjo barroco", numa exposição da Hípica de Santo Amaro, São Paulo, em 1991. No destaque, diploma de participação no Concours D´Élegance em dezembro de 1981, do qual fiz parte com a BMW 501 B de 1956

Os encontros de antigomobilistas

Janos Wessel era uma pessoa que curtia um bom churrasco e carros antigos. Amigo de todos, abriu as portas de seu restaurante na avenida Faria Lima para os primeiros encontros de amigos com carros clássicos antigos, que aconteciam sempre às terças-feiras. Certa vez, Flavio Marx apareceu no restaurante com um Volkswagen conversível da década de 1950, com a capota arriada no frio inverno de julho. Estacionou o carro e fechou a capota, que estava rasgada. Vimos a cena de dentro do restaurante e levantamos para ver aquela raridade a ser restaurada, que o Flavio havia garimpado. O Walter Costa, meu sócio em minhas incursões de Arqueologia Mecânica, reparou que a filha do Flávio, a pequena Maya, dormia no banco de trás do carro, toda encolhida, parecendo um caramujo. Abri a porta do carro, peguei a Maya no colo e a colocamos no Chevrolet Impala 1956 do Walter, no banco de trás, onde ela poderia se esticar. Em cima dela, para cobri-la, colocamos nossos dois paletós (o do Walter era bem maior!).

O Walter foi então até a mesa do Flavio e avisou-o que a Maya estava no nosso carro, bem na nossa frente. Horas depois, vemos o Flavio saindo a toda velocidade com seu fusca de capota rasgada, sem a filha! Levantamos da mesa para chamá-lo, mas era tarde, e na época não havia celulares. Pegamos o Chevrolet Impala 1956 e fomos para casa dele. Chegando lá, a campainha não funcionava, mas os cachorros latiam sem parar, fazendo o Flavio nos atender. Ele não acreditava no que havia acontecido, e nós rimos por muitas horas dessa história.

Desses encontros no Janos, às terças-feiras, é que surgiram os encontros no Pacaembu, e que depois passaram a ser no Sambódromo, o que acontece até hoje. Na verdade, o Janos foi o pioneiro desses encontros, e tudo se profissionalizou em apenas cinco anos, virando um mercado enorme. Janos Wessel foi um personagem importante no antigomobilismo e no Harley Davidson Club do Brasil.

O Porsche Club do Brasil

Em 1976 e em 1978, os colecionadores Amarilio Renato Meira, Carlos Augusto Faggin, Edgard Saiegh, Giuliano Macchiaroli, Luiz Fernando Gonçalves, Ronnir Macintyre, Luis Armando Nitsch, Eduardo da Silva Prado e Paulo Papparoni fizeram reuniões para fundar o Porsche Club do Brasil. O Paolo Papparoni, que é meu amigo, havia me apresentado o Amarilio Renato Meira. Desde 1976, também conhecia o Luiz Fernando Gonçalves e seu pai, Ângelo, da praia de Pernambuco, no Guarujá. Assim, foi fácil entrar no Porsche Club, já que eu já tinha alguns modelos da marca. O clube foi fundado oficialmente em 12 de maio de 1980. Em 1993, tornei-me o mais jovem presidente de um Porsche Club no mundo. Com apoio de Paulo Goulart, eu, um publicitário, assumi a direção do clube e da marca que precisava muito de mídia. A primeira matéria que divulgou o clube foi veiculada no *Jornal da Tarde* em 1978.

Anúncio polêmico que criei para o encerramento da produção do Fusca no Brasil

O encontro mundial
de presidentes de Porsche Club

Em 1994, fui ao Porsche Club President's Meeting, o encontro mundial de presidentes de Porsche Clubs, em Stuttgart, na Alemanha, onde conheci Wolfgang Porsche, que é o presidente do conselho de supervisão da Porsche, e neto de Ferdinand Porsche, o senhor Dr. Ing. Wendelin Wiedeking, CEO da Porsche, Ilse Naedele, a diretora dos Porsche Clubs da Alemanha, Michel Geminiani, do Porsche Club da França e Mediterrâneo, Judy e John Boles, presidente do Porsche Club da América, Simone e Andrej Petrovic, do Porsche Club da Alemanha, e Volker Spannagel, da assessoria de imprensa da Porsche. Conheci também Husche von Hanstein, o grande piloto de provas da Porsche das décadas de 1950 e 1960. Meus anfitriões foram Gerd e Sandra Müeller, do Porsche Club Goppingen.

Em 1994, no encontro mundial de presidentes de Porsche Club, com o Porsche 917: uma volta na pista de Solitude, em Stuttgart

Na entrada do encontro mundial dos presidentes de Porsche Club, em 1994, em Stuttgart, Alemanha. No destaque, a etiqueta de visitante (crachá) que não devia ser tirada para nada, senão seria barrado na fábrica e arredores da Porsche!

Em 1997, fui novamente ao encontro mundial de presidentes. Nessa ocasião, Ilse Naedele, a diretora dos Porsche Clubs da Alemanha, me emprestou um novo Porsche 996, e com ele fui ao castelo de Louise Porsche Piëch em Mannheim. O castelo era impressionante. Hans me recebeu muito bem, colocou à disposição uma governanta para mostrar o castelo e arredores. O Hans e a Louise são muito amigos de Sabine Lovatelli e de seu marido. Sabine é diretora do Mozarteum, de São Paulo, que exibe o melhor das peças e orquestras europeias no Brasil, e uma grande amiga minha.

Hans Daxer, Louise Porsche Piëch e eu

Sabine Lovatelli e Hans Daxer na loja da Dacon

Durante essa viagem, aconteceu algo incrível. Quando estava no quarto do hotel, em Stuttgart, o telefone tocou e uma voz metálica disse meu nome. A surpresa foi absoluta. Era meu grande amigo e piloto André Ribeiro, que acabava de colocar a Honda no pódio! Quando desci pelo elevador e cruzei o *lobby* para cumprimentar o André, havia uma multidão, pois ao lado da festa da Porsche havia uma festa da Mercedes-Benz. Aí outro piloto querido me abraçou por trás e falou assim: "*Rubinho, vizinho querido!*". Era o Emerson Fittipaldi. Peguei os dois, cada um num braço, e entrei na festa da Porsche.

Cartão postal do Porsche Club do Brasil criado por mim, que recebeu elogios de Wolfgang Porsche e Ilse Naedele, a diretora do Porsche Club da Alemanha. No destaque, novamente no *Presidententreffen* em 1997, o encontro mundial dos presidentes de Porsche Club

– *Tem um velhinho barbudo buzinando atrás da gente!*

Quadro de Rubem Duailibi
Acrílico sobre tela e silk-screen
2008

Rubem Duailibi

Fomos em direção à mesa de Wolfgang Porsche, seguidos imediatamente pelos japoneses do Porsche Club de Tóquio. Wolfgang Porsche se levantou e eu os apresentei em alemão. O Emerson, com aquela educação toda, fez uma reverência ao senhor Porsche, que rapidamente tirou um papel e uma canetinha do bolso e pediu um autógrafo ao bicampeão mundial e ao André. O Emerson falou ao senhor Porsche: "*Eu também quero um autógrafo seu!*". Depois dessa honraria, eles me levaram para a festa da Daimler-Chrysler, e lá me conheciam pelas matérias que eu estava escrevendo sobre seus carros no Brasil, em várias publicações e no *Jornal da Tarde*, que era editado pelo Murilo Felisberto.

Quando voltei à festa da Porsche, sentei à mesa do meu amigo Gerd Mueller, presidente do Porsche Club Goppingen e de sua esposa, Sandra. Os japoneses estavam felizes com seus autógrafos, porque no sangue deles corre Honda (Porsche ali era só um detalhe, um *hobby*). De repente, apareceu na minha mesa o próprio Wolfgang Porsche, que queria saber notícias sobre Louise Porsche Piëch, pois soube que eu havia ido ao seu castelo. Louise Piëch é dona e acionista da Volkswagen e da Porsche. Aí tomei uma atitude que não tem preço: tirei uma foto com o Wolfang Porsche e pedi que autografasse meu carrinho em miniatura. Isso valeu toda a viagem.

A iniciativa de entrar para um clube, tomar a atitude de viajar para a Alemanha, conhecer gente importante e sair de lá motivado para continuar a restaurar Porsches e ganhar dinheiro foi algo que teve extremo valor. Mas para isso tive de fazer um investimento: vender um dos carros reformados para pagar a viagem. Mas isso não tem preço. Invista em você! Tome uma atitude e pense assim: o retorno dura para sempre!

Com Wolfgang Porsche, em foto tirada por André Ribeiro

E com André Ribeiro, em foto tirada por Wolfgang Porsche

Husche von Hanstein, o grande piloto da Porsche das décadas de 1950 e 1960, que conheci em 1994. No destaque, Husche von Hanstein, eu e Gunilla Lachman

O episódio da alfândega alemã

Quando faço uma viagem para Salões de Automóvel ou festas de montadoras, sempre arrumo tempo para comprar peças. Você tem de estar motivado para que sua energia empregada gere progresso e sucesso. Você tem de ter consciência de que seu tempo é muito curto. É preciso fazer um cronograma, organizar-se para visitas e compras. Nesse caso, o planejamento começa em casa, com iniciativa de escrever e pesquisar endereços, para ser atendido rapidamente nas lojas e finalizar o negócio.

Eu tinha um problemático Porsche 924, que não possuía peças sobressalentes no Brasil. O carro foi feito para atender a um público norte-americano, com motor Audi frontal para substituir o Porsche 914. A Porsche havia errado no *design* do carro, que tinha faróis escamoteáveis e tentava concorrer com os carros musculosos americanos.

Outro design *für die americanish* era o do Porsche 928. Arredondado, seus faróis escamoteáveis ficavam deitados na carroceria, com aqueles gran-

Porsche 928 S de 1984

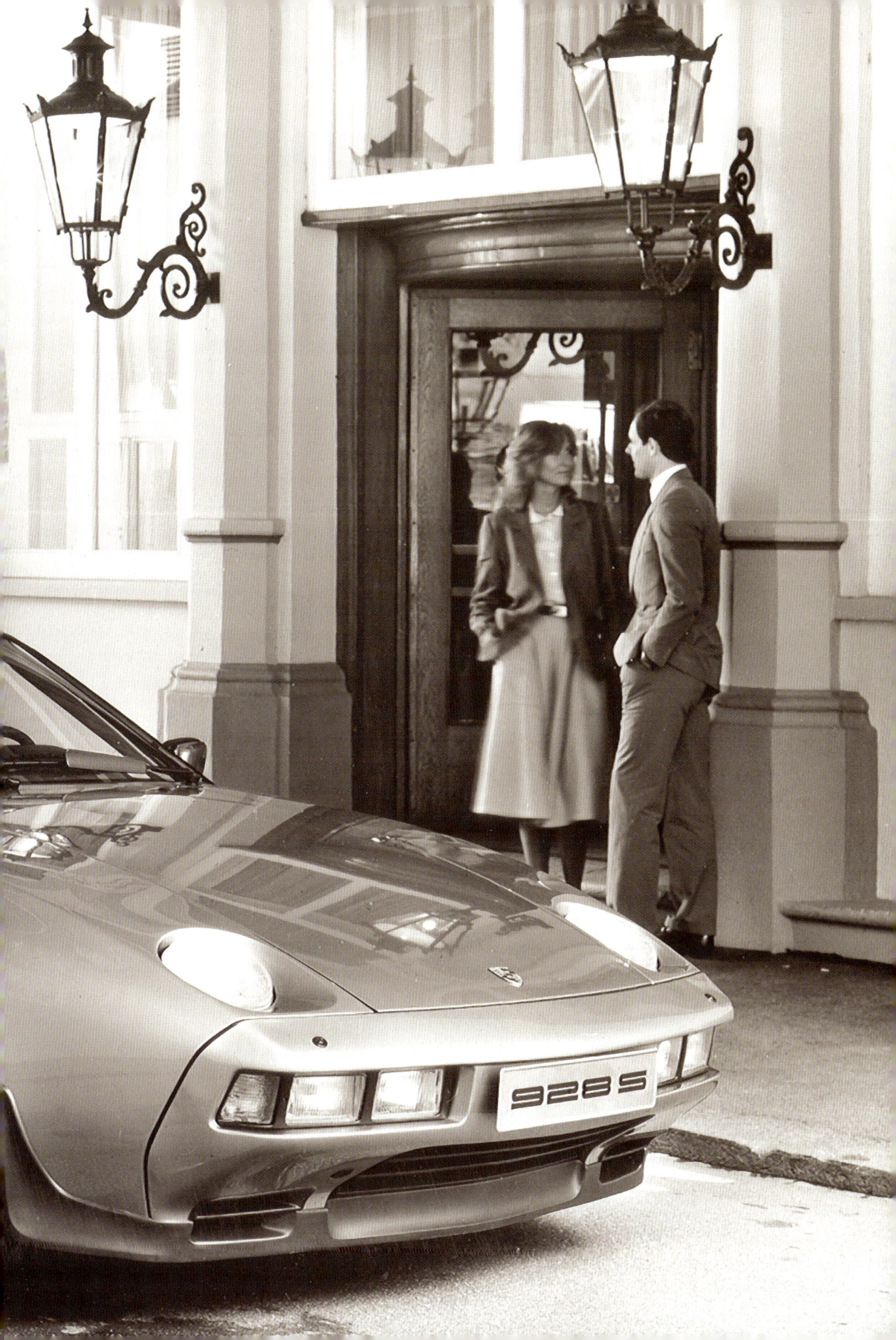
928 S

Porsche 924

des vidros, e o motor frontal era V-8. Um *muscle car* alemão. Lançaram mais uma tentativa: o Porsche 944, o fim da linha desse *design,* com uma tampa de vidro traseiro, que era considerada perigosa pelas leis norte-americanas em alguns Estados.

Comprei as peças caríssimas que eu queria e coloquei tudo numa mala de mão. Quando passei a mala no raio-X do aeroporto, claro que os discos de freio gigantescos do 924 causaram um alvoroço. Tirei as peças da mala, com as devidas notas fiscais, e expliquei o que eram. O policial me perguntou se o resto do carro estava nas outras malas! Quando cheguei ao Brasil e fui montar as peças, vi que elas eram fabricadas aqui, mas não vendidas em território nacional, o que é um erro mercadológico do fabricante, que obedece a uma absurda lei brasileira. Muitas peças de Porsche são intercambiáveis com peças Volkswagen. O motor do Porsche 914 é o modelo 411, o mesmo da Kombi, que é fabricado no Brasil até hoje.

Porsche 924, no Clube de Campo São Paulo, em 1997

CAPÍTULO 6

Design em velocidade

Curso de pilotagem

Um dia, a Luiza Petit, filha do Francesc Petit, da DPZ, entrou na minha sala com sua poderosa máquina fotográfica e perguntou se eu gostaria de fazer um curso de pilotagem em Interlagos com ela. Claro que queria! No ano de 1985, o curso do Expedito Marazzi era o mais indicado.

Depois de aulas teóricas, cheias de pegadinhas (uma delas, a mais famosa, era a do primeiro Audi de corridas projetado por Ferdinand Porsche, que o Expedito desenhava na lousa e perguntava onde o piloto se sentava e de que lado o carro andava). Com seu texto bem jornalístico e técnico, o Marazzi dava aulas teóricas e depois levava os alunos à pista de Interlagos.

Em uma das aulas práticas, o Expedito colocou seis alunos dentro de um Dodge Charger e começou a acelerar sem parar. Foi uma loucura! Um dos alunos vomitou em outro no banco de trás. O Expedito ficou louco da vida, pois era um cara extremamente estourado.

Depois de muitas voltas, pegamos o primeiro monoposto da vida. A impressão é que eu era o Emerson Fittipaldi, de capacete de motocross que eu

No monoposto Marazzi, eu, de capacete Shoei de motocross, muito confortável, e macacão de amianto, presente de Emerson Fittipaldi

tinha, e com o macacão que o próprio Emerson havia me dado de presente. O macacão era de amianto, com um emblema da TV Bandeirantes – e nessa época eu nem pensava em trabalhar na TV.

À esquerda, nota fiscal do curso de pilotagem do Expedito Marazzi, que fiz em 1985.
À direita, anotações que fiz no curso. Embaixo, a pista de Interlagos,
que era muito mais divertida antes das mudanças

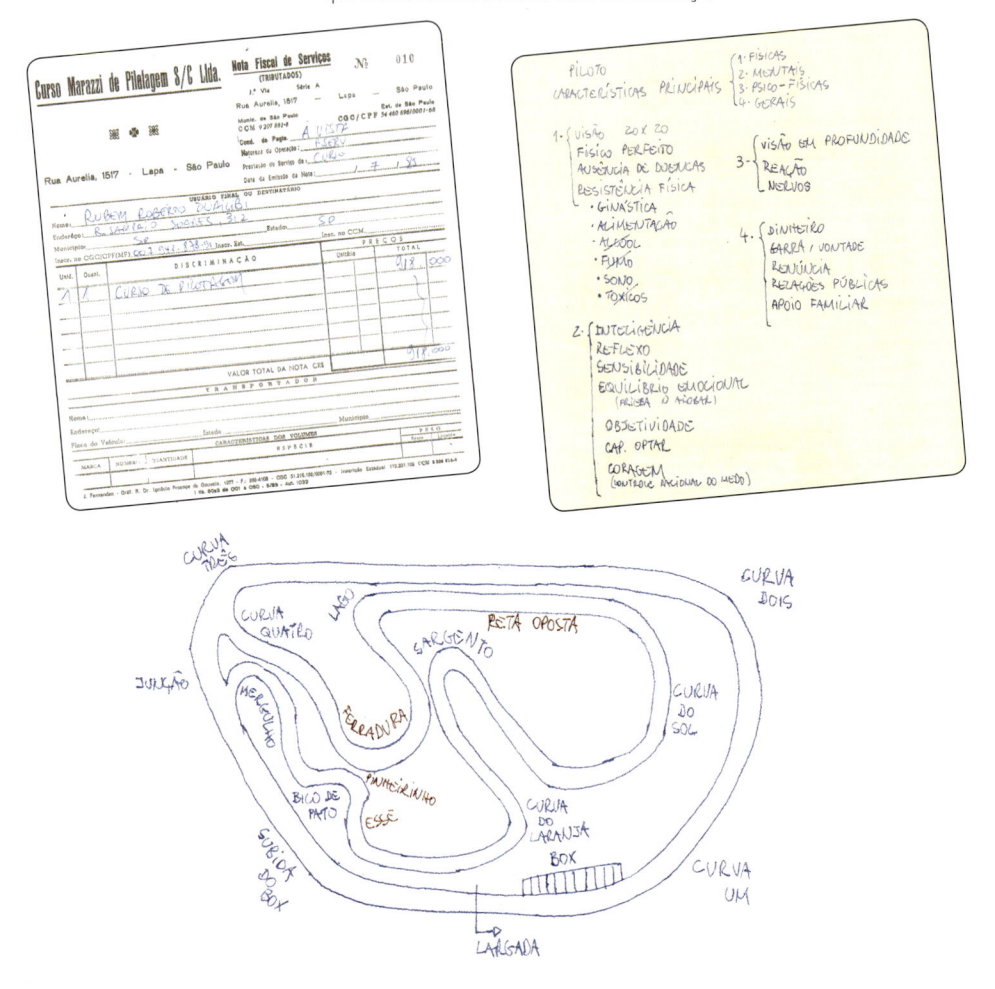

Nossas aulas eram às terças-feiras, e íamos com o Porsche 914/6. O Marazzi ficou encantado com o carro e pediu emprestado. O carro andava muito e fazia curvas como um kart. Muitas aulas depois, com o monoposto, um dos alunos fez uma ultrapassagem completamente irresponsável e me fechou na curva do Sargento, no traçado antigo de Interlagos (que era muito mais interessante do que é hoje, com a curva do Senna). Bati o carro no *guard-rail*, que estava solto, e quase fiz uma aula rápida de natação no lago. Essa foi minha primeira batida na pista, e machuquei as pernas. Fui socorrido pelo próprio Marazzi, que resmungava sem parar por causa do carro. A Luiza era a mais rápida da pista, e fazia curvas impecáveis.

Fui atendido pelo doutor Boy Magalhães, amigo de sempre, e que me consertava com frequência. Nessa época, eu já morava sozinho, e fiquei quieto, sem comentar com minha mãe sobre o acontecimento. Mas o telefone tocou e era ela, perguntando como eu estava. "Por acaso", o doutor Magalhães havia ligado na casa dela, para perguntar como eu estava. Tenho certeza de que a secretária dele nem sabia que eu morava em outro lugar. Depois da melhora, comecei a alugar os carros preparados por equipes profissionais, e corri de Volkswagen, Maverick, Mustang e Opala.

Meu primeiro carro de competição foi um Porsche 911 preparado, que mais tarde voltou à originalidade. O carro, com motor 2.7 e suspensão especial, me remeteu aos carros de Gran Turismo. Mais tarde, fui correr em pistas da Europa – sempre escondido da família, pois a pressão para não correr era grande. Na Europa é muito fácil alugar uma pista por duas horas com um carro preparado de Gran Turismo. É muito mais barato e divertido que nos Estados Unidos. Já pensou estar em Hokkenheim, junto da Floresta Negra? Ou em Spa Francorchamps, Nurburgring e em pistas particulares de amigos em suas propriedades rurais? Existem muitas pistas particulares, são mais de 600 no mundo.

As competições

As competições com carros clássicos no Brasil começaram na década de 1980 e foram especialmente interessantes em algumas categorias. Durante muitos anos, participei dessas provas, e me lembro do Janos Wessel com sua Alfa Romeo GTV de corrida entrando na pista depois de um al-

O Saab do rali de Mônaco, e o Gordini preparado pelo Galpone

moço. De passar vários concorrentes com o Mercedes 450SL, automático no "S do Senna" e fazer um dos concorrentes rodar. O meu porta-malas estava cheio, com o estepe, macaco e uma pequena mala de roupas para usar depois da prova.

Numa das competições com carros de menos de 1.000 cc, eu estava com um Gordini 1965 preparado, quando senti explodir o tanque de reservatório da água do radiador nas minhas costas. A água quente foi parar no para-brisa e entrou no meu macacão pelo pescoço. A balaclava não segurou a temperatura nem a água, que escorreu pelas costas. Rapidamente, entrei no box e parei na frente do pai do Marcelo Cassari, que eu nem conhecia direito.

Corrida em Interlagos de carros clássicos antigos: eu de Mercedes 450 SL

O pai dele me tirou do carro, abriu meu macacão e me deitou no chão. Um dos mecânicos foi buscar manteiga, que minha assistente de gravação passou nas minhas queimaduras. Fui atendido por médicos no hospital Sírio-Libanês, mas nada de grave havia acontecido, além de leves queimaduras. Nessa ocasião, tive de acelerar para que o tempo passasse rapidamente, para ser atendido. O Gordini passou imediatamente a ter manutenção na oficina mecânica Galpone, do Marcelo Cassari, e nunca mais usei minha antiga oficina de Interlagos. Lição: em situações dolorosas, o tempo ajuda a esquecer.

Opel GT dourado em Interlagos

Muitos clubes de carros antigos, como o MG Club do Brasil e o Alfa Romeo Club, faziam com bastante frequência os Endurance, que consistem em provas de regularidade e não de velocidade. Participei com vários carros. O melhor deles foi, sem dúvida, o Opel GT 1900, que tinha torque e fazia curvas fantásticas. Uma das provas mais interessantes foi a dos Clássicos de Competição, em 2006, em que paticipei com o BMW 3.0 CS preparado para corrida e que participou das Mil Milhas argentinas, em 1998. Esse carro ficou famoso mundialmente quando ganhou seis títulos europeus, entre 1973 e 1979, e foi chamado pela imprensa italiana de "papa Porsche", porque ganhava dos modernos Porsche Carrera RS 2.7. O BMW 3.0 CSL ganhou *spoilers* traseiros e ficou sendo chamado de "Batmobile".

Em uma jogada de marketing sensacional, Hervé Poulain, um *marchand* de arte francês, criou os famosos Art Cars e convidou Alexander Calder e Frank Stella, que pintaram a carroceria do BMW 3.0 CSL, Roy Lichteinstein, que pintou o modelo 320i, e Andy Warhol, um M1. Os Art Cars correram em provas e são muito valiosos, graças à ideia de um talentoso *marchand* que tomou a iniciativa, a atitude de convidar artistas consagrados e escreveu seu nome para sempre na história da arte e do automobilismo. Pense nisso: ideias geniais criam retorno. Retorno gera dinheiro.

Umas das raras BMW 3.0 CS de competição em 2007

Tradicionalmente, há mais de 50 anos, na pista de Interlagos, são feitas as Mil Milhas brasileiras, organizadas pela Centauro. Quem organizava era a família Zambello, e pilotos consagrados corriam: Abílio e Alcides Diniz, com Alfa GTA, Adolfo Cilento, com Ferrari, doutor Sérgio de Magalhães, que ganhou por várias décadas seguidas, entre outros. Sob nova direção, hoje é uma competição em que só participa metade dos competidores internacionais da categoria GT da Europa. Fraca de público e patrocinadores. A nova direção mudou o horário da prova, que começava tradicionalmente à meia-noite, e começou a cobrar ingressos caríssimos, em que se perde totalmente a referência de qual equipe está em primeiro lugar.

Provas e ralis

Em 1985, participei da minha primeira prova automobilística com carro clássico, o I Speed Trial do MG Club do Brasil, e fiquei em segundo lugar. A partir daí, começaram os convites para a Subida de Montanha, organizada pelo DKW Auto Union Club do Brasil. O Eduardo Pessoa de Mello transformou essa prova em internacional quando os argentinos começaram a participar. E também subi o Pico do Jaraguá com o carro mais fantástico criado pela GM na Alemanha, o Opel GT 1970, presente de minha mãe.

O Alfa Romeo Club, clube de colecionadores da marca, em São Paulo, teve várias gestões e, no passado, era um clube mais ativo em organizar ralis e passeios, mas depois ficou mais focado em fazer corridas de carros clássicos em Interlagos, que acabaram por falta de patrocinadores. O preparo profissional de um carro antigo normal, para competição, requer muita pesquisa e dinheiro. O Alfa Romeo Club tem uma organizadora, a Therezinha Tuzzolo, que é a primeira-dama do antigomobilismo. Ela é uma pessoa que agrega as pessoas e, por conta própria, liga para todo mundo e avisa sobre os eventos. A Therezinha é uma senhora muito distinta e ativa, sempre alegre e disposta com os colecionadores.

Uma vez, numa das corridas, encontrei o Emerson Fittipaldi na pista, e ele me falou que éramos muito corajosos em andar nesses carros. Perguntei por que, e ele me respondeu que estávamos arriscados a dar uma "porrada de época". E ele tinha razão. Em um dos acidentes acontecidos com nossos *"gentlemen drivers"*, vi dois colecionadores se desculpando nos boxes e discutindo assim: "Deixa que eu pago!", "Não! Deixa que eu pago!". Semanas depois, soube que nenhum pagou ao outro.

Quando você ingressa em um clube de carros antigos, existem muitos personagens com características diferentes em atitudes, caráter e persona-

Em 1987, Vittoria, minha esposa, na saída do rali que fizemos com o Alfa Romeo GTV 1972

lidade, de várias profissões, e muitas vezes há pessoas que nem têm carros daquela marca do clube. Muitos profissionais da área de reforma e mecânica fazem parte dos clubes para captar clientes e fazer amizades. Sempre carregue os telefones dos guincheiros e de mecânicos. Carros antigos são uma surpresa constante, por mais restaurados que estejam.

O Alfa Romeo Club faz as reuniões na data errada: na primeira terça-feira do mês. Todas as terças-feiras, há o maior encontro de carros antigos da cidade de São Paulo, que acontece no Sambódromo e é organizado pela Matel. É religioso ir até lá para ver as grandes oportunidades de compras de carros e peças que estão sendo oferecidas, para quem faz garimpagem dessa Arqueologia Mecânica.

Alfa Romeo GTV 1968, em 1987, em Campos do Jordão

Na década de 1980, os ralis eram constantemente organizados pelo MG Club e pelo Alfa Romeo Club. Fiz somente um, em 1987, acompanhado da Vittoria – na época éramos namorados. O rali foi tão demorado que precisei parar para fazer xixi no mato (eu tenho a mania de levar lanche e água). Mas aí o Alfa Romeo parou de vez e não pegava mais. O Flavio Marx, que fazia os ralis com seus filhos, Guilherme, Mauricio e a pequena Maya, e levava-os a todos os lugares, passou com seu Corvette Stingray conversível por nós. Mas aí voltou com o carro. Ele estava com um poncho e chapéu pretos, as crianças superagasalhadas e fazendo uma farra no carro. Imagine a cena: quatro pessoas dentro de um Corvette para duas pessoas fazendo um rali! Depois de perdermos muito tempo tentando entender por que o carro não pegava, o Flavio me perguntou se meu Alfa tinha um segredo que fazia cortar a gasolina. Apertei o botão e o carro pegou! O Flavio saiu a toda com seus filhos no Corvette, perdendo as folhas de anotações da prova.

Nunca mais desci de qualquer carro para fazer xixi! E a Vicky, claro, nunca mais participou de provas assim. Meu companheiro de ralis era o Adolfo Cilento, e o maior problema é que nós dois gostamos de dirigir – ficar lendo planilhas era muito chato. Na metade do percurso, trocávamos de direção sempre às gargalhadas. Fizemos muita quilometragem juntos. Um dia, eu estava muito enjoado na trilha de Campos do Jordão, e o Adolfo, que era um hipocondríaco compulsivo, tinha todas as novidades em remédios o tempo todo. No meio de uma curva, o Adolfo tirou de uma caixinha duas pílulas coloridas, me deu e as tomei com a água do nosso lanchinho a bordo. Automaticamente, o sono tomou conta. Quando chegamos a Campos do Jordão, outros pilotos amigos estavam esperando na linha de chegada de uma das etapas. Eu estava dormindo solenemente, e batendo o capacete no vidro. Só acordei para o jantar. Ficamos em segundo lugar na contagem geral, e o Adolfo foi dirigindo e lendo a planilha ao mesmo tempo. Anos depois, o Ricardo Paparoni também participou de alguns ralis comigo de Porsche 911 RS.

Quando Bertone desenhou esse carro, o Alfa Romeo GTV, tinha apenas 24 anos de idade e estava cheio de talento e criatividade

Adolfo Cilento e Mario Gargiullo, duas lendas nos clássicos de corrida

O Adolfo Cilento tinha muita experiência em provas automobilísticas, e havia vendido para o Collin Crab uma Ferrari Testarossa. Colecionadores internacionais já compravam o que os brasileiros consideravam sucatas. Ganhavam muito dinheiro vindo ao Brasil procurar raridades, que os colecionadores brasileiros nem sabiam do que se tratava. Não era o caso do Adolfo, que vendeu sua Ferrari por um preço internacional e era bem informado. Essa Ferrari foi liberada e exportada com facilidade, e foi o primeiro superclássico que saiu do Brasil. Quando o colecionador internacional viu o carro, com seus faróis de milha quadrados, que não eram

Adolfo com a Ferrari Monza, na gincana do Jaguar Club em 1978

originais de fábrica, nem perguntou o preço. Pediu que o Adolfo escrevesse o valor do carro numa folha de papel, amassasse em suas mãos e se a oferta fosse de maior valor, deveria segurá-la bem firme e não abri-la. Adolfo não abriu o papel, a oferta foi imperdível e o carro foi embora para a Europa. Essas Ferraris não tinham o menor valor comercial no Brasil na década de 1970, e colecionadores só ficavam atrás dos carros americanos, que hoje têm um valor muito menor que os carros esportivos europeus. O Adolfo foi o primeiro colecionador a ganhar dinheiro com uma venda internacional em território nacional.

A Ferrari Monza de 1954, de Adolfo Cilento, em fotografia do início da década de 1970. O carro levava a placa amarela do Rio de Janeiro, e foi o primeiro superclássico do país a ser vendido internacionalmente.

CAPÍTULO 7

O programa de TV

O MotorDay OctaneTV

Em 1999, o falecimento da minha Omi me deixou profundamente triste e reflexivo. Numa ocasião dessas, com o tempo, você também aprende a rever sua vida, o que é absolutamente positivo. Dias depois do acontecido, em um encontro de carros clássicos, um colecionador, vendo minha transparente tristeza, falou: "Rubem, levante suas mãos para o céu e agradeça que sua avó viveu 90 anos, e você conviveu quase 35 anos com ela. Eu perdi minha mãe com 12 anos!". Depois de ouvir isso de uma pessoa não tão próxima a mim, refleti e dei-lhe total razão. Que sorte eu tive! Que sorte eu tenho! Quanto tempo passei com quem eu amei... Que pessoa digna, que se aproximou de mim e, mesmo não sendo tão amigo ou próximo, tomou uma atitude de conforto e respeito.

No dia seguinte, resolvi que deveria mudar o que eu estava fazendo e aceitar o convite que tinha sido feito a mim pelo Amaury Jr., apresentador de TV. O Amaury Jr. me abriu uma nova porta: me convidou para fazer um bloco em seu famoso programa na TV Bandeirantes, de cinco minutos, em que eu falaria de carros clássicos. Oportunidade assim nunca me apareceu antes.

Com a experiência adquirida ao longo do tempo na Interteam, produtora em que aprendi a mexer nas câmeras Arriflex de Michel Sallouti, e a editar com o Cantídio na moviola, e décadas depois, com minha câmera digital, comecei a gravar os programas dos carros. Meu sistema de gravação era composto de câmera, tripé, controle remoto e microfone sem fio. Não tinha assistente de câmera, pois os que tive sempre estavam gravando coisas erradas enquanto eu falava dos carros, fazendo aqueles movimentos de câmera incompreensíveis, como se o carro estivesse navegando. Fiz também uma experiência com várias modelos apresentando os carros, mas elas não tinham a mínima ideia do que era um carro clássico e ficavam se esfregando e fazendo caras e bocas, enquanto erravam o texto.

Como o Amaury Jr. queria um bloco comigo falando de carros, editei as gravações e mostrei-lhe o piloto do programa, que foi aprovado para ser colocado no ar. Chamou-se MotorDay OctaneTV. Em menos de um mês, o programa já tinha meia hora de duração, e isso graças a Pamus, Romeu Siciliano, Eduardo Lambiasi, Richard Flinn e Toninho da Silver Car, que me emprestavam as raridades, e principalmente ao meu amigo Arnaldo Diniz, que me forneceu um patrocínio da Comark, que permaneceu como minha patrocinadora de 1999 até 2007. O programa deu certo.

Gravando o MotorDay OctaneTV em Stuttgart, na Alemanha

Com muita garra e teimosia, fazia tudo sozinho, até a comercialização. Da TV Bandeirantes fui para a TV Comunitária, e depois tive a sorte de um dia acordar e olhar o espelho e dizer: "Hoje é meu dia! Vou ganhar dinheiro!". Fui, por acaso, almoçar num lugar e encontrei o Luiz Antonio Galebe, dono do Shop Tour. O Galebe é extremamente simpático e estava muito bem informado sobre meu programa. Ele me falou: "Vou te mostrar como se coloca o MotorDay no ar, e você vai ganhar dinheiro!". Quando percebi, o tempo passou, o Galebe tomou a atitude de me levar ao maravilhoso prédio da sua emissora e me mostrar como poderia veicular o Motor-Day OctaneTV todos os dias. Era meu dia de sorte, que durou exatamente dois anos de felicidade, durante os quais meu programa foi veiculado num canal de vendas e foi reconhecido pelo público. Nunca tive tantos patrocinadores. O Galebe é um campeão, e sempre tive muita admiração pelo trabalho dele, que é o pioneiro em entrar em milhares de lojas e mostrar as melhores ofertas. O Galebe é um exemplo de um homem que criou um método de vendas, tomou iniciativa de procurar clientes, atitude de gravar as ofertas e o retorno em dinheiro.

Com esse tempo de veiculação no Shop Tour, fui o primeiro jornalista automobilístico a mostrar coleções importantes, salões de automóveis e museus do mundo todo, coleções de valor e plastimodelismo, que é montar, passo a passo, carrinhos em escala. Tudo isso com muita criatividade, falando naturalmente, sem a ajuda de um texto previamente escrito, gravando em meu ateliê e mudando a posição da câmera, dando a impressão de existirem outras câmeras. No Salão do Automóvel em Paris, uma equipe de televisão italiana me entrevistou porque soube que eu fazia tudo sozinho. Às vezes, é muito bom não ter ninguém interferindo em seu trabalho. Isso faz com que você use sua energia e criatividade sem errar. Você tem de ter concentração, uma certa disciplina, e, depois de um tempo, a gravação se torna mecânica e automática. Você controla tudo e o resultado final fica impressionante.

CAPÍTULO 8

Mudando de rumo

Em 1998, num dos encontros de carros antigos que aconteceram em Interlagos, um novo colecionador começou a mostrar suas raridades. Ele tinha uma Ferrari 250 GTO, desenhada por Michelloti, que estava parada em frente ao box. Fui olhar e, diante de todos os colecionadores, ele me ofereceu a chave do carro para dar uma volta na pista. Eu estava com meu macacão de piloto; fui afivelado adequadamente e comecei minha aventura de dirigir aquele maravilhoso automóvel. O ronco do motor, a velocidade, as curvas perfeitas... Tive uma sensação de estar em câmera lenta, sentindo cada milésimo de segundo desse carro veloz.

Ferrari 250 GTO, o carro que mudou meu foco sobre automóveis

Depois de duas voltas em Interlagos, voltei aos boxes. O dono do carro perguntou se eu gostaria de dar mais voltas naquela maravilha mecânica. Aí, o tempo voou, e devolvi a incrível Ferrari para o gentil dono. Aquele carro me causou uma impressão de liberdade, velocidade, segurança e força. Era tanta força que saí do carro não querendo mais sentar num carro que cuidei durante décadas: o Porsche. Agradeci muito, pois havia sido uma das melhores experiências que tive na vida como piloto e jornalista automobilístico. A partir dessas voltas na Ferrari 250 GTO, percebi que nunca mais dirigiria um Porsche. Agora iria comprar uma Ferrari.

A atitude gentil e de confiança do colecionador mudou minha vida para sempre. Aí percebi, na pista de Interlagos, quanto tempo perdi. Naquele momento, o tempo começou a existir. Percebi que eu estava escravo de uma marca. Eu queria descobrir outras mais interessantes. Na vida, a percepção das coisas podem acontecer nos lugares mais incomuns. Você percebe que muda a partir de algo que seja impactante.

O começo da busca pelas BMW

Em 1999, ganhei do Flavio Marx uma BMW 1600 GT. Era a primeira das muitas que eu teria, mas eu ainda não sabia disso. Como meu foco era outro, deixei-a na fazenda dele por seis anos. O carro sofreu todas as temperaturas

BMW 1600 GT na fazenda do Flavio Marx, em 1999: a número um das sete que eu iria encontrar

A BMW 1600 GT sofreu com os intempéries durante anos

e tempestades de um país tropical, mas sobreviveu. Meu real foco na BMW 1600 GT começou quando estive no castelo do Michael, em Goppingen, na Alemanha, por intermédio do Gerd Müeller, presidente do Porsche Club, e vi a mais incrível coleção de carros da Glas, com as várias BMW 1600 GT. Fiquei motivado a restaurar esse modelo de BMW tão raro. Quando voltei ao Brasil, tomei a iniciativa de ligar para o Flavio Marx e agi para que o carro saísse finalmente da fazenda dele, o que aconteceu com a ajuda do Mauricio Marx.

Retirando a BMW 1600 GT do meio do mato para levar para a reforma, e depois para a exposição e valorização merecida

Às vezes, você pode perder tempo, energia, estar no lugar errado. A Arqueologia Mecânica tem de ser feita com planejamento, com foco. Existem histórias mirabolantes sobre carros escondidos em casa de viúvas, ou em galpões abandonados. Isso hoje é muito raro, mas pode acontecer. Por dicas de amigos, comecei a procurar todas as BMW 1600 GT que sobraram abandonadas em algum canto no Brasil, sempre com minha câmera em punho, gravando para meu programa de TV. Tudo foi gravado e veiculado no meu programa MotorDay OctaneTV, além do passo a passo da reforma. Com isso, fui o primeiro jornalista sul-americano a fazer uma matéria assim: uma reportagem criativa com a gravação da reforma do carro, que na verdade durou três anos e meio, e também gerou este livro que você está lendo agora. Foram horas e horas de fitas gravadas, com milhares de filmagens, e mudança de vestuário e cortes de cabelo, conforme a época.

A BMW 1600 GT tem desenho de Pietro Frua: parece um Maserati ou Lamborghini

Os amigos foram me motivando cada vez mais, e acabei procurando e encontrando sete BMW 1600 GT, por indicações, fazendo uma verdadeira Arqueologia Mecânica. A BMW 1600 GT é um modelo de carro que não é muito conhecido por ser muito raro e difícil de achar. Por isso, escolhi um desafio bastante interessante. Estava cansado de colecionar carros "clichês", carros comuns, que todo colecionador tem. Eu estava motivado a colecionar um carro especial, mas sempre no meu foco: carros esportivos europeus com *design*.

A história da BMW 1600 GT

Hans Glas, um grande fabricante de carros na Alemanha, criou os carros urbanos Glas. Um deles era chamado de Gogomobile, um carro pequeno, arredondado, e que fez muito sucesso depois da Segunda Guerra Mundial. Hans Glas era um visionário e criou o Glas 1700, o Glas 1300 e o famoso "Glaserati": o Glas V-8, que parecia uma Maserati, com um *design* moderno para a década de 1960. Hans Glas havia chamado o *designer* Pietro Frua para criar seus carros, que desenhou as Lamborghini, as Maserati e mais tarde o Rolls-Royce Corniche.

Como a BMW precisava mudar sua fábrica para um lugar maior e mais organizado, ela comprou a fábrica de Hans Glas, descontinuando seus carros. Um dos engenheiros mais sensíveis tomou a atitude de preservar o Glas 1300, que era concorrente direto do Porsche 912 com motor de 4 cilindros com *design* de Ferry Porsche. A BMW não havia hesitado em tomar a iniciativa de mudar o motor 1300 e colocar o motor BMW 1600. Com atitude, ofereceram ao mercado um carro de *design* e o renomearam de BMW 1600 GT. Fabricaram esse carro de 1966 a 1968, enquanto a Porsche continuou a saga dos 911 por décadas, mudando somente a motorização. Essa era a diferença entre a BMW e a Porsche. Eles haviam criado um mito, um carro especial, fazendo apenas 600 exemplares! O público alemão não gostou muito da ideia, pois a Fiat acabava de lançar o modelo 124 conversível, que foi um sucesso de vendas por causa do preço baixo.

Em 1968, Aguinaldo de Araújo Góes Filho, que tinha uma concessionária BMW chamada Cebem, no Trianon, em São Paulo, percebeu que o modelo BMW 1600 GT havia encalhado na fábrica e que o brasileiro acharia esse um carro bem diferente. Tomou a iniciativa de ligar para a fábrica e, com atitude, mandou importar 12 exemplares. A motivação era chamar a atenção de poucas pessoas da sociedade que gostariam de ter um carro com *design*, tecnologia e força. Um dos compradores foi a Ana Paola Giaquinto, atriz de longas-metragens, de destaque na década

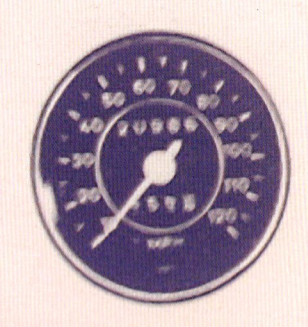

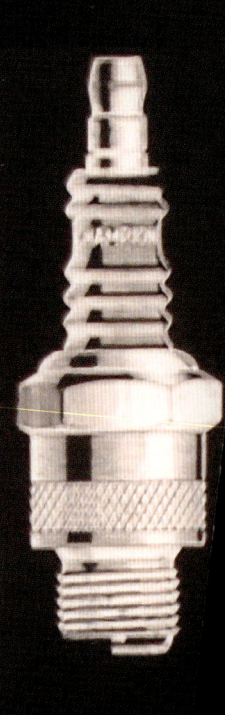

Quadro de Rubem Duailibi
Acrílico sobre tela e silk-screen
2008

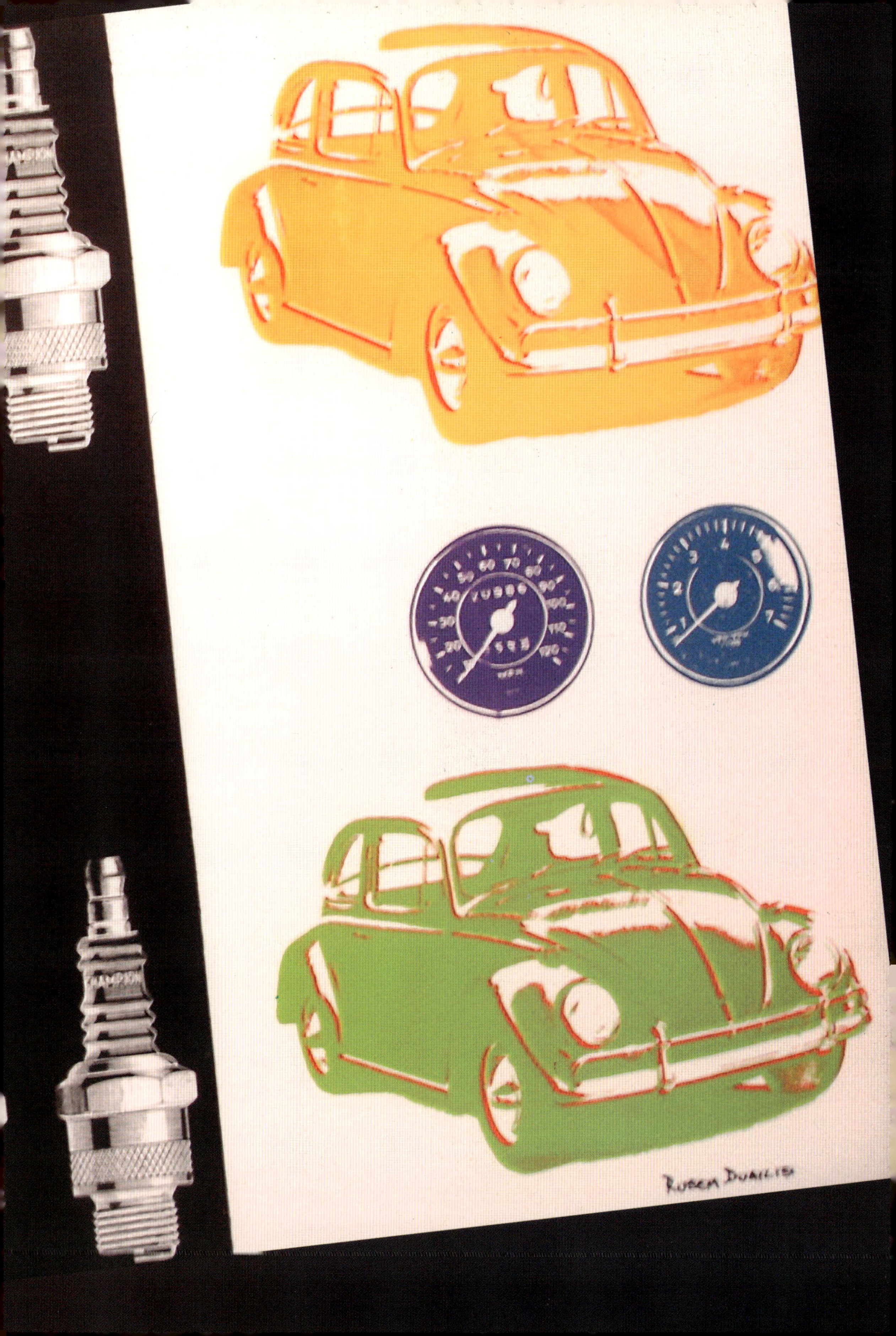
CHAMPION
RUBEM DUAILIBI

de 1960, que foi casada com Wallace Simonsen, um grande empresário brasileiro. Aguinaldo Góes vendeu suas 12 BMW 1600 GT em um mês e ganhou muito dinheiro.

Existem pessoas que nascem assim: com muita sorte e dinheiro. E existem as pessoas que trabalham e têm pouco dinheiro. Quando começar a acreditar que vai ganhar dinheiro? Para esse exercício de ganhar dinheiro, você tem de acreditar que é um milionário. Acorde e pense grande. Há muitos anos, vi um campanha que dizia "Think Big", ou seja, "Pense Grande". Pensar que é um milionário é muito fácil. Olhe para o espelho e fale: "HOJE, VOU GANHAR DINHEIRO". Faça com força, acredite, ele vem. Vou ganhar dinheiro! Estou rico! Eu sou rico! Isso não custa nada. Com sua energia positiva, você terá tudo o que quiser.

Acima, a fachada da Cebem, loja de Aguinaldo de Araújo Góes Filho, a primeira especializada em BMW do Brasil, que fica no Trianon em São Paulo. Ao lado, o raro cartão de visitas da loja Cebem

A reforma da primeira BMW 1600 GT

Depois de tirar a primeira BMW da fazenda do Flavio Marx, levei o carro para o funileiro. Abri a oportunidade para que aquela pessoa fizesse um trabalho de mestre, que consertasse o meu bem. Ela pegaria a chapa de metal, usaria sua criatividade, cortaria a peça com uma ferramenta e soldaria as chapas na peça a ser substituída. Ou então isso poderia ser feito por mim mesmo. Tomei a iniciativa e fiz um curso de soldagem Mig-Mag no Senai. Como tenho na cabeça que o Roberto Marinho fundou a Rede Globo e o Oscar Bloch fundou a Manchete com respectivos 70 e 80 anos, penso que nunca é tarde para começar um novo desafio. Você pode se superar quando tem um desafio pela frente. O objetivo é fazer um carro clássico, pegando-o do mato e restaurando-o. É como na culinária: existem muitos ingredientes para o preparo. Primeiro, foque no que quer fazer; depois, tome a iniciativa de fazer, e por fim faça e aconteça.

A BMW número um dentro do meu ateliê

A primeira BMW 1600 GT já dentro do meu ateliê, e, em cima dela, uma tampa traseira do Porsche Carrera RS, peça garimpada de uma oficina do interior que tem preço internacional. Atrás do veículo, um cartaz da campanha publicitária da qual participei com meu irmão gêmeo (difícil saber quem é quem...)

Tudo é possível. Quando você tiver uma grande oportunidade, e se sentir seguro para completá-la e ser feliz, coloque na cabeça: por que não? Tudo é possível. O carro sairá da funilaria, mesmo que possa levar alguns meses ou anos para que ela seja completada. O mais importante em qualquer trabalho é ter persistência, calma e tempo. Obviamente, você não pode ser muito calmo e lento, pois o trabalho se torna rotineiro, extremamente chato e caótico. O mundo globalizado tem uma velocidade muito rápida. As notícias são instantâneas.

Hoje, essa BMW 1600 GT está no fim da reforma, quase pronta para uma exposição. Com isso aprendi que, se você se sente abandonado, sempre tem uma chance de recuperação quando se tem uma iniciativa: sair do limbo, tomar uma atitude, refazer as ideias na cabeça! No caso do carro, foi fazer uma funilaria completa.

Sem fechar as portas da oportunidade

Muitos dos meus amigos, sabendo do meu interesse de colecionar o raro modelo de BMW, o 1600 GT, sempre tinham uma história para contar sobre esses carros. Tomei a iniciativa e a atitude de procurar cada um deles. Achei os seis que estavam jogados e abandonados em algum lugar e tornei-me o maior colecionador desse modelo nas Américas. Fiz com que meu objetivo fosse cumprido. Na vida, tudo é assim. Nunca feche as portas da oportunidade.

Tenha em mente que, se você não quiser mais ter um relacionamento mecânico e medíocre com uma pessoa, deve mudar as coisas em sua vida. Não machuque a pessoa amada, pois você passou horas agradáveis com ela. Um amigo meu sempre falava: "Mais vale um fim terrível, do que um terror sem fim". As pessoas têm mania de protelar decisões, e isso hoje não é mais possível. Se uma pessoa não quiser, sempre haverá no planeta quem queira. Existe mercado para todo tipo de mercadoria. Tenha na cabeça os endereços certos, e nunca feche as portas.

Quantas oportunidades já passaram na frente do seu nariz e você não percebeu, por vergonha, timidez ou porque realmente é distraído? O planeta está cheio de oportunidades, e você mesmo as cria. Como assim? Simples. Basta perceber que existe uma diferença grande entre percepção e realidade. Primeiro, você tem de perceber que todas as oportunidades estão na sua frente, que são reais. Todas as portas são abertas por você mesmo. Vá atrás e abra essas portas. Tem gente que não consegue perceber essas oportunidades, e vêm outros e pegam, porque é realidade. Seja original, seja simpático, conquiste. Seja feliz e sorria, pois a vida reserva ótimas surpresas a cada dia. Pense assim: "Todas as portas estão abertas para mim". Tenha coragem e vá em frente.

Não vacile e tenha o bem que você quer. Não deixe passar a oportunidade. Muitos dos meus anúncios em jornais para vender os carros termi-

CHAMPION
CHAMPION
CHAMPION
CHAMPION
CHAMPION
Mobiloil
Mobil Oil do Brasil
(Industria e Comércio) Ltda.
Mobiloil
Mobil Oil do Brasil
(Industria e Comercio) Ltda.
Mobiloil
Mobil Oil do Brasil
(Industria e Comercio) Ltda.

Quadro de Rubem Duailibi
Acrílico sobre tela e silk-screen
2008

navam assim: "Vacilou, dançou!". Vários interessados nos carros, por pura demora na decisão de comprar, ficavam sem a mercadoria. Existe mercado para todo tipo de mercadoria, basta anunciar e mostrar a qualidade do seu produto.

A segunda BMW 1600 GT

A segunda BMW 1600 GT comprei do Flavio Marx, na mesma ocasião em que ganhei a primeira. Na verdade, de início eu pensava em comprar os dois carros para fazer um completo, com todas as peças. Mas então resolvi que deveria focar minha Arqueologia Mecânica nesse tipo de carro, e acabei, mais tarde, achando e comprando seis deles.

A BMW 1600 GT número dois fotografada em 2000 ainda na fazenda de Flavio Marx

Em foto tirada no momento da desmontagem, a raridade da número dois: o motor original

Por dentro da número dois, o volante de madeira e toda a tapeçaria refeita

Os instrumentos restaurados, com rádio Becker México da época, e o painel revestido com couro sintético, para não rachar no calor intenso

A segunda BMW 1600 GT em Exposição do MG Club em São Paulo

Detalhe da BMW número dois pronta: vieram sete vermelhas das 12 importadas em 1968 pela Cebem

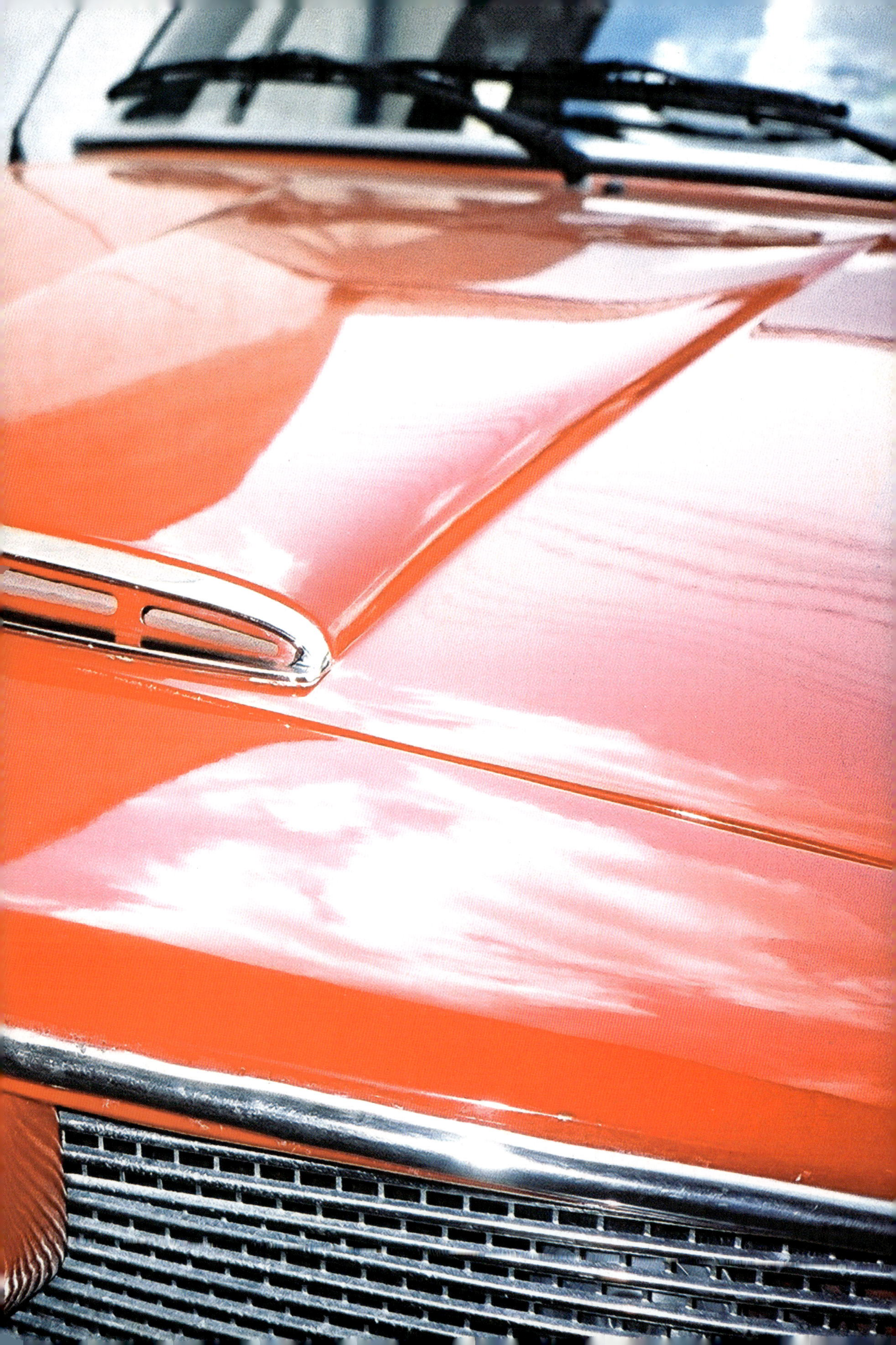

A segunda BMW 1600 GT já reformada, quando saiu da oficina para a primeira volta, em 2004

A terceira BMW 1600 GT

A BMW 1600 GT número três foi uma descoberta fantástica. O carro estava parado há mais de 15 anos, e seu dono tinha desistido da reforma. Sem uma capa protetora, que muitas vezes faz o carro enferrujar por baixo pela umidade do solo, o automóvel estava em condições de andar imediatamente. A motivação de andar com o carro antes da reforma total era grande, depois do novo licenciamento e da troca e reparos do carburador Solex, que estava ressecado. Andei com o carro mais de 23 mil quilômetros. O comportamento de um carro assim é sensacional, gerando um prazer enorme e admiração de outros colecionadores.

No motor da BMW número três foram substituídas as mangueiras ressecadas, e o motor foi girado à mão, antes de ser ligado. Esse procedimento deve ser feito para ver se ele não está "colado", o que pode acarretar uma destruição total de uma peça original. Esses carros têm a mesma numeração do chassi no motor e, para um colecionador, o que vale é o "*matching numbers*". Isso é muito contestado por outros colecionadores, que acham mais importante o carro estar andando e dando prazer ao dono. Muitos carros esportivos europeus tinham seus complicados e caríssimos motores substituídos por nacionais nas décadas de 1970 e 1980, por falta de importação de peças. Os carros tinham uma adaptação pequena a ser feita, mas continuavam servindo a seus donos. Como diz o ditado: "Carro parado estraga".

No caso das minhas aquisições, achei carros com motores montados ou desmontados, conservando o bloco com os números originais, e tive muita sorte de encontrá-los com a placa amarela, sinal de que rodaram muito pouco ou foram guardados por décadas. O licenciamento deve ser feito em departamentos de rodagem, e existem ótimos despachantes para isso. Na Inglaterra, existe um grande negócio de compra de placas de licenciamento, que podem durar a vida inteira do dono do carro, mesmo ele mudando de automóvel. Numa recente exposição internacional, um Alfa Romeo apareceu com um motor semelhante ao da época em que foi construído, mas a carroceria era tão rara que, na sua avaliação, seu *design* foi soberano. O dono desse carro não ficou decepcionado em não achar o motor, que deve ter ido parar em algum ferro-velho, e conservou a carroceria especial e única.

BMW 1600 GT, a número três, antes da compra

Acima, a BMW número três, com todos os detalhes e a placa amarela, o que significa que era totalmente original e estava parada havia mais de 15 anos. No para-lama, a modificação de carroceria e rodas da Italmagnésio modelo "mexerica"

Abaixo, a instrumentação completa: volante errado, o console e cinzeiro eram opcionais de época

Acima, o carro cuja compra era iminente, mas a negociação começa a partir de sua originalidade

O para-lama abaulado da década de 1970, para imitar um carro esportivo

À direita, o para-lama abaulado da número três antes da reforma

Abaixo, retirada da pintura e começo da funilaria para a peça no desenho original

A lateral pronta, antes de eu mandar desmontar tudo e fazer a funilaria total da BMW 1600 GT número três, o que durou dois anos

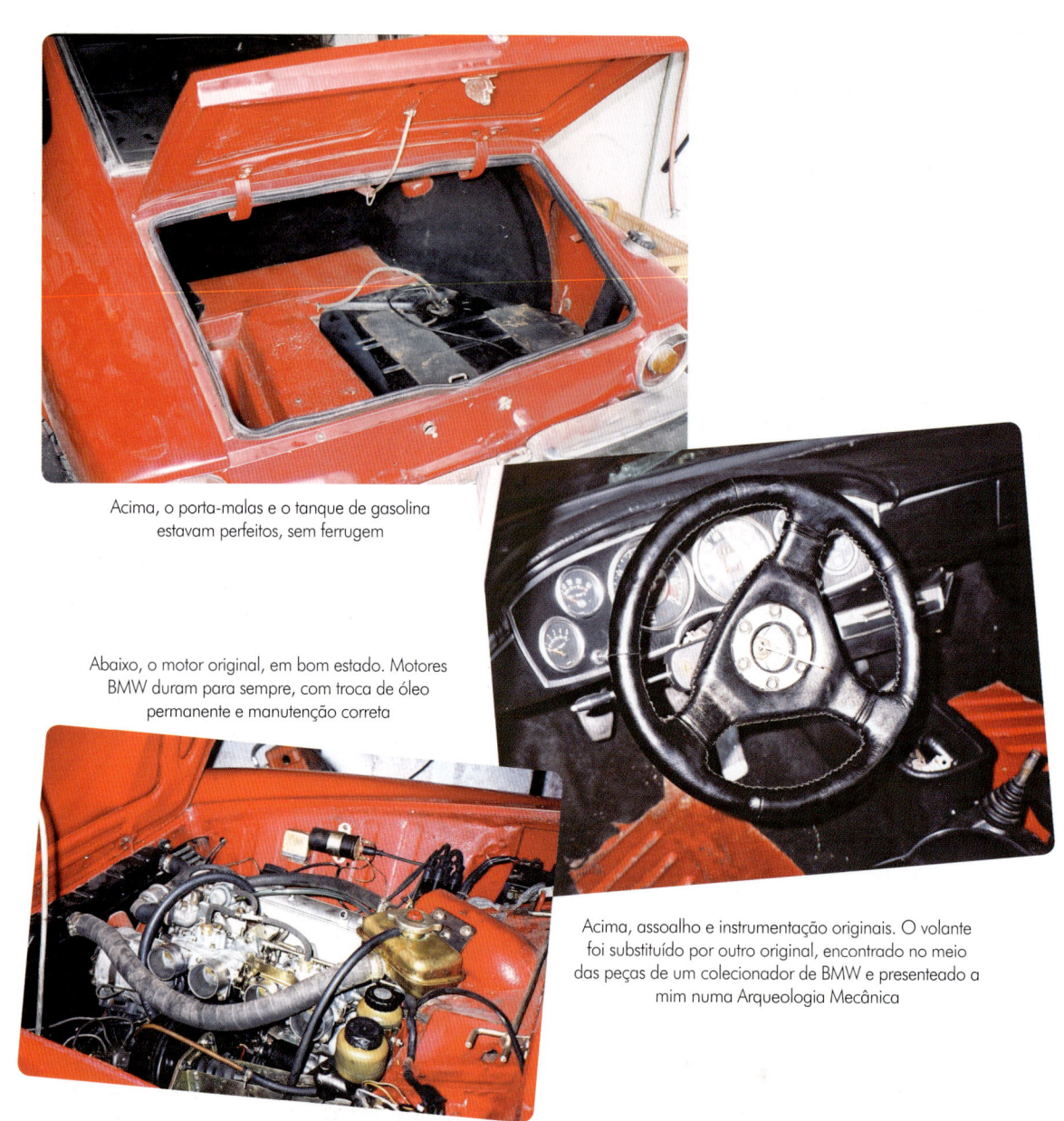

Acima, o porta-malas e o tanque de gasolina estavam perfeitos, sem ferrugem

Abaixo, o motor original, em bom estado. Motores BMW duram para sempre, com troca de óleo permanente e manutenção correta

Acima, assoalho e instrumentação originais. O volante foi substituído por outro original, encontrado no meio das peças de um colecionador de BMW e presenteado a mim numa Arqueologia Mecânica

Aqui a número três em visão lateral

A antiga massa plástica deve ser totalmente retirada. Troquei também as rodas. À esquerda, com toda a ferrugem retirada e funilaria feita. Aqui, na foto, o carro está com antiferrugem antes de ser lixado e ir para a pintura

Ao lado, o desenho do banco traseiro não é o original, mas, usando a criatividade e o bom senso, tem o mesmo desenho dos bancos da frente, tornando a tapeçaria harmônica e de bom gosto. O couro dá nobreza à reforma

Zerando o velocímetro e começando outra história

A quarta BMW 1600 GT

A quarta BMW 1600 GT, eu já sabia, estava debaixo de uma escada em um prédio construído por um amigo nosso, o Cecílio. Carros clássicos têm de ver a luz do sol, mas há casos em que ficam abandonados sem ver a luz por mais de duas décadas. Tome uma atitude e motive o dono do carro para que o retire de onde está. Verifique todas as ferrugens e amassados da carroceria. Existem peças muito difíceis de arrumar, mas existem funileiros excelentes que podem fazer uma porta nova ou restaurar totalmente seu clássico. As peças desse carro, que estavam junto, serviram para montar outra BMW 1600 GT, das únicas 12 que foram importadas pela Cebem na década de 1960.

Para retirar o carro de onde ele estava, dois amigos me acompanharam: o Bico Stupakoff, fotógrafo internacional como o pai Otto, grande amigo do meu pai do tempo da Standard Propaganda, e o Marcelo Cassari, da mecânica Galpone. Fui de câmera em punho para registrar para meu programa de TV a compra e a retirada do automóvel. Primeiro, perguntei ao dono se ele venderia o carro. Depois de fechado o negócio, fui removê-lo com a equipe que sempre me ajuda na retirada das raridades, como o senhor Mario e seu filho, que têm boa disposição e um ótimo guincho.

A ideia do Marcelo Cassari era transformá-lo em um carro de corridas para a Fórmula Classic. De uma das minhas BMW, tiraram a cópia de fibra de vidro da frente e do capô, da tampa traseira e das portas. O carro foi vendido a outro colecionador, que ficou apaixonado pelo desafio. O

A BMW 1600 GT número quatro estava debaixo da escada de uma obra, colado no concreto

trabalho da equipe do Galpone durou exatos nove meses. No caso desse carro, tive um retorno monetário mais rápido do que teria com um carro restaurado. O dono do carro continuou a reforma na mesma oficina. Essa descoberta debaixo da escada me trouxe prazer e dinheiro. Todos, o vendedor, o primeiro comprador, o segundo proprietário e o dono da oficina saíram lucrando.

O carro já fora da escada

A lateral impecável, sem ferrugem ou amassados

Estado de originalidade impecável, placa amarela: 14 anos parado

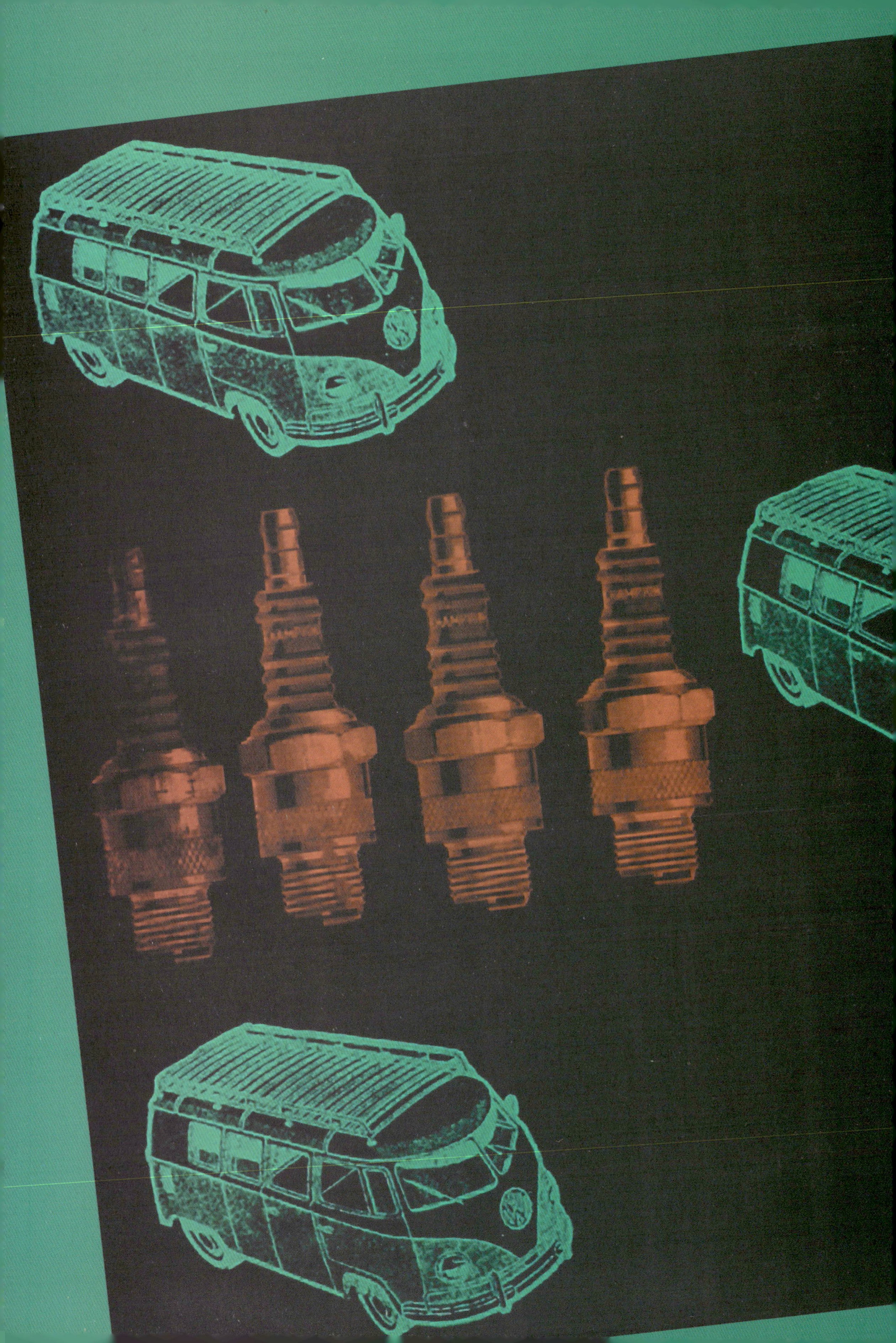

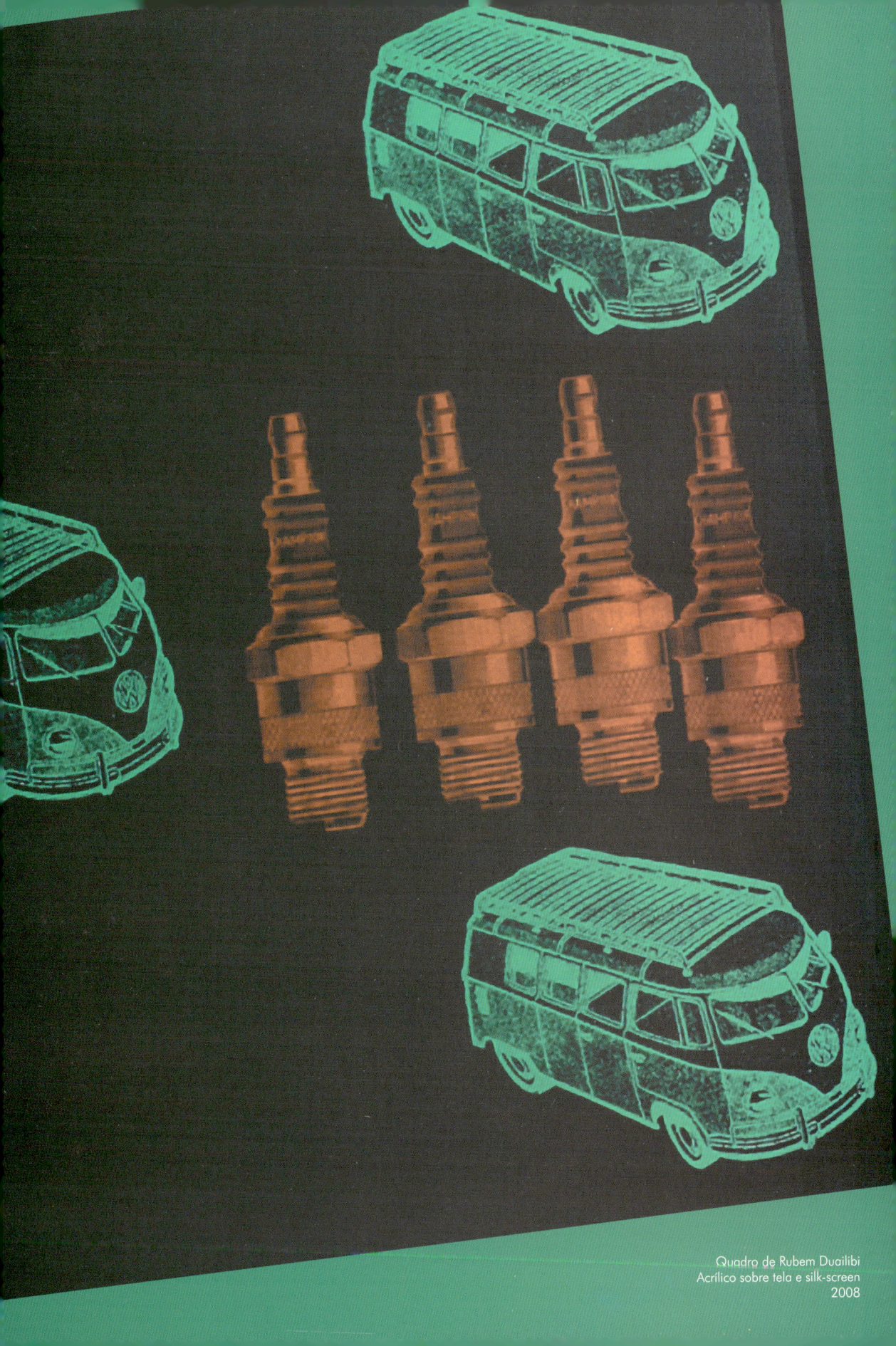

Quadro de Rubem Duailibi
Acrílico sobre tela e silk-screen
2008

Arqueologia mecânica

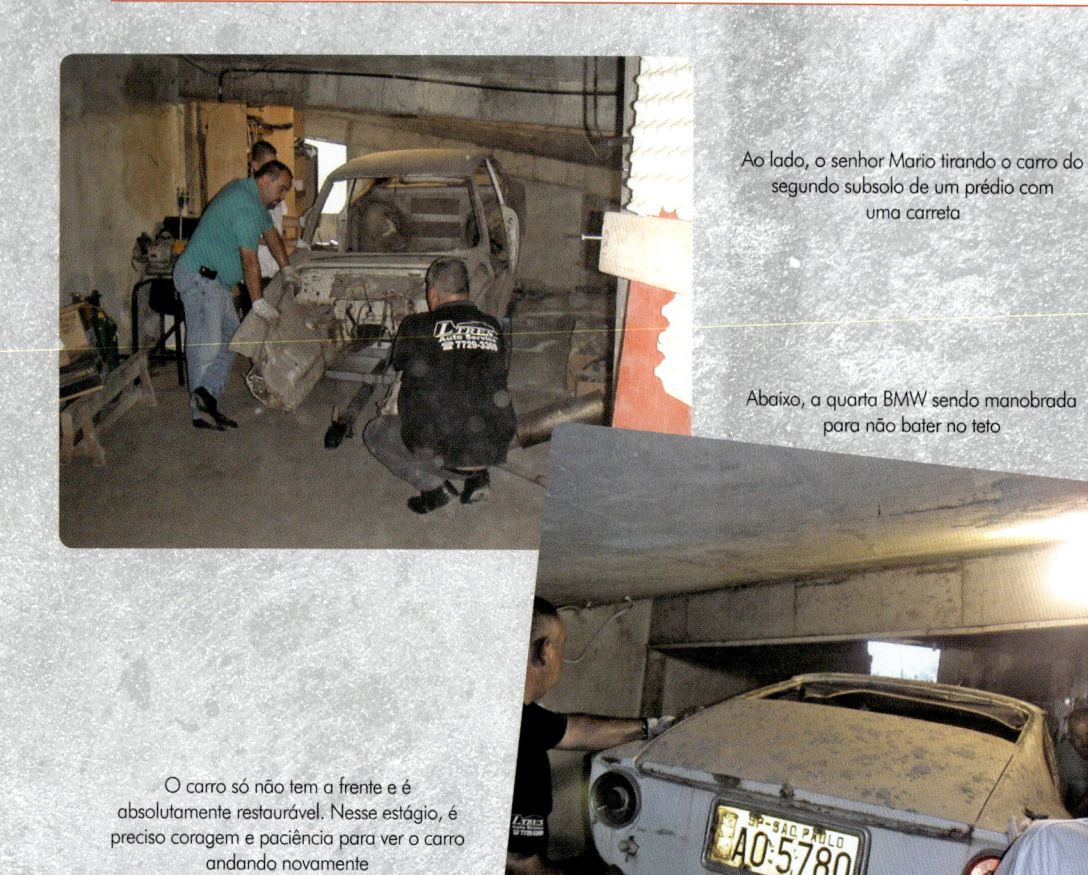

Ao lado, o senhor Mario tirando o carro do segundo subsolo de um prédio com uma carreta

Abaixo, a quarta BMW sendo manobrada para não bater no teto

O carro só não tem a frente e é absolutamente restaurável. Nesse estágio, é preciso coragem e paciência para ver o carro andando novamente

Acima, na oficina mecânica Galpone, com todas as peças dentro e tudo o que é do carro e pôde ser coletado na oficina anterior: a verdadeira Arqueologia Mecânica.
Ao lado, a quarta BMW 1600 GT com o motor 1600 e câmbio originais na frente, o capô recuperado de debaixo da escada e já com rodas de corrida

A quinta BMW 1600 GT

Em 2003, Roberto Dieckmann, presidente do Veteran Car Club do Rio de Janeiro, me levou para a oficina Isa, que tradicionalmente é uma autorizada em carros da Mercedes-Benz e que atende outros carros europeus de seus clientes. Lá, conheci o senhor Paulo César, que tinha, no fundo dessa oficina, uma BMW 1600 GT. Era minha quinta BMW do modelo. O mais impressionante nesse carro era a originalidade. Peguei minha câmera e comecei a filmar para a TV. Em 3 de janeiro de 2008, voltei para tirar as fotos digitais. Estava um dia esplendoroso.

A quinta BMW 1600 GT, no Rio de Janeiro, em 3 de janeiro de 2008. Aqui, o desafio é fazer com que o dono a venda, para que possamos fazê-la andar novamente.
Tanta chuva e sol, e mesmo assim o carro continua íntegro, com placa amarela e emblema na posição. É uma das únicas que vieram na cor cinza. As rodas são da década de 1970 e o carro está completo, com todos os detalhes.

O carro estava na oficina havia 11 anos ao ar livre, tomando chuva, sol e, por incrível que pareça, continuava com o mesmo aspecto e posição de quando o filmei pela primeira vez. Tenho ligado com frequência, já há vários anos, para o senhor Paulo César, a fim de ver se o dono resolve vender o carro antes que ele enferruje demais. Essa é uma atitude de paciência e perseverança. Nunca devemos perder a motivação nem a oportunidade. Um dia, essa outra BMW servirá para montar a primeira, que estava na fazenda do Flavio Marx.

Por dentro, tudo original, com todos os detalhes: a BMW mais completa. O volante de madeira estava descascando. Todos os instrumentos estavam no painel. Os bancos estavam se desfazendo, mas conservavam o desenho origina. Nos destaques, o velocímetro com a quilometragem original, quando parou: 78.922

O motor original tem de ter o mesmo número do chassi. Os carburadores Solex estavam loucos para fazer o motor funcionar depois de 11 anos parado. A plaqueta de identificação mostrava que era irmã da número três. Um problema crônico de ferrugem em todas as BMW, a tampa da frente, e o porta-malas com o macaco; o ar de estepe deveria ser da década de 1970

A sexta BMW 1600 GT, no dia 2 de janeiro de 2007 em Jacarepaguá, Rio de Janeiro

A sexta BMW 1600 GT

Numa reforma de um carro antigo, ouvem-se muitas histórias sobre os outros possíveis carros do mesmo modelo e marca que você está adquirindo. Meu foco foi procurar cada um deles, gravar para o meu programa MotorDay OctaneTV e comprá-los. Vamos voltar para 2007, num certo sábado na sede do MG Club do Brasil, onde estavam recebendo o grande piloto das pistas brasileiras e um grande homem de comunicação: Paulo Lomba. O Paulo foi fundamental para a localização da sexta BMW 1600 GT, que estava no Rio de Janeiro. Ele, além de saber onde ela estava, desistiu de comprá-la para que eu ficasse com o carro.

Falamos com o dono do carro, que passou toda a documentação antiga, pois o carro ainda estava com a placa amarela. Por incrível que pareça, todos os carros que comprei estavam com a placa antiga. A nova placa branca dos carros brasileiros foi trocada há quase 20 anos, em 1990. Os carros estavam em suas posições originais de estacionamento havia mais de uma década. Arrumei tempo e tomei a iniciativa de ir de carro ao Rio de Janeiro. Como era depois do Natal, já aproveitei que teria mais de oito horas de lazer no meu dia, e passei lá o Réveillon.

O carro estava localizado em Jacarepaguá, dentro da casa do dono de uma oficina. Fui ver o carro com minha câmera na mão, para fazer a matéria dessa descoberta. Eram as minhas horas de trabalho naquele dia. Quando cheguei à oficina e saí do carro, nunca havia sentido tanto calor. Falei quem eu era para o dono da oficina e fomos ver o automóvel. Preparei a câmera para a gravação. O carro era espetacular, na cor prata. Todos os detalhes estavam no carro. Seu estofamento original estava um pouco estragado, mas o tecido da capota estava intacto. Tinha volante, bancos, rádio Blaupunkt, câmbio, mas o motor estava desmontado, com o bloco original, e com os mesmos números da carroceria.

A sexta BMW 1600 GT toda alinhada. A placa amarela era de São Paulo, mas o carro estava no Rio de Janeiro por mais de uma década. Os emblemas 1600 GT e para-choques eram originais. A ferrugem escorreu pela pintura da carroceria, mas tudo tem solução numa reforma

Um dos instrumentos da pressão de óleo não estava no painel, mas foi encontrado perdido dentro de uma caixa de papelão. O carro havia ficado por uns 12 anos parado debaixo de um telhado de garagem, e com uma capa que destruiu, por ferrugem, a caixa de ar do assoalho do carro. Era dia 2 de janeiro de 2007, e completei meu sonho de comprar a sexta BMW 1600 GT. A BMW só havia fabricado 1.002 exemplares desse modelo, de 1966 a 1968, e hoje ele é considerado o carro mais raro da marca para se colecionar, diferentemente do Porsche 912, que teve 32.867 exemplares produzidos até 1969.

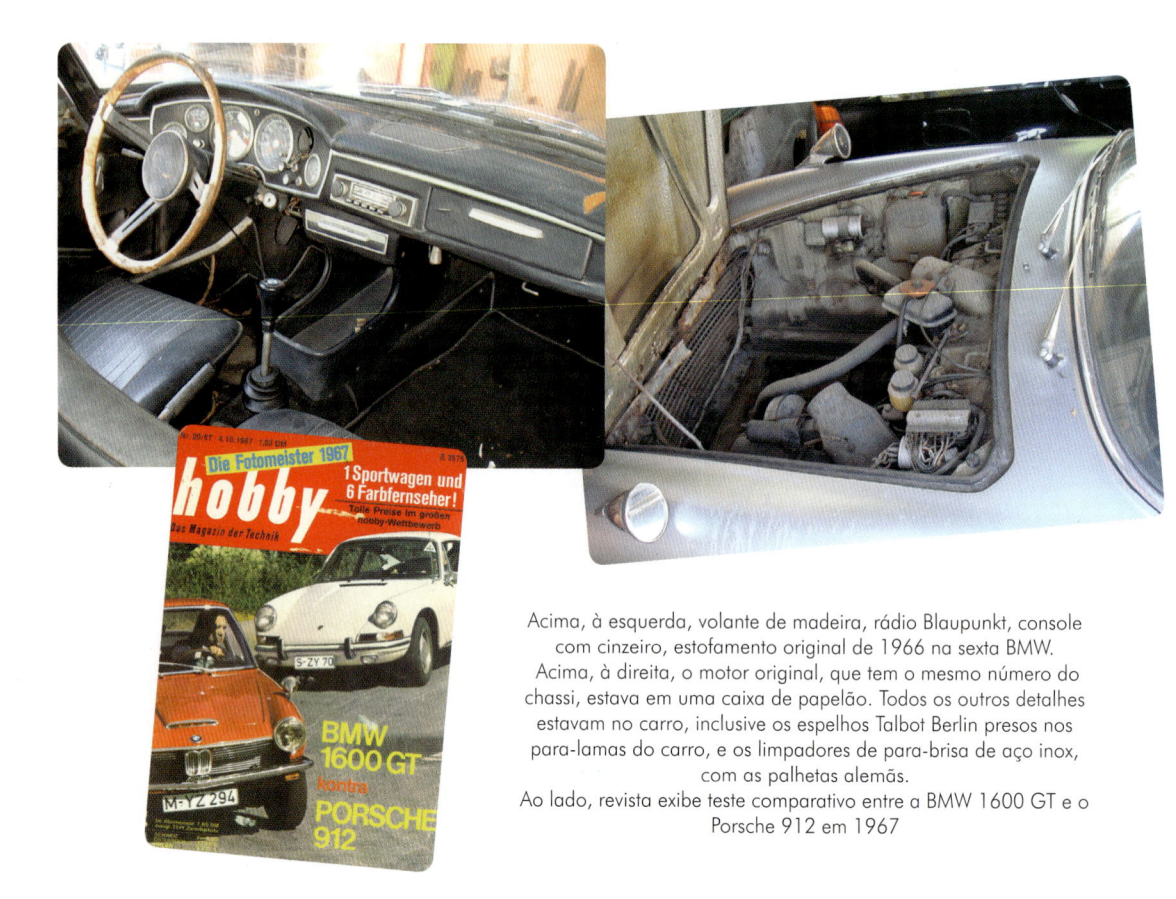

Acima, à esquerda, volante de madeira, rádio Blaupunkt, console com cinzeiro, estofamento original de 1966 na sexta BMW. Acima, à direita, o motor original, que tem o mesmo número do chassi, estava em uma caixa de papelão. Todos os outros detalhes estavam no carro, inclusive os espelhos Talbot Berlin presos nos para-lamas do carro, e os limpadores de para-brisa de aço inox, com as palhetas alemãs.
Ao lado, revista exibe teste comparativo entre a BMW 1600 GT e o Porsche 912 em 1967

A sétima BMW 1600 GT

Sempre existem histórias tristes de alguns carros de coleção. Sempre ouvi falar que alguns Porsche 911 se acidentaram, pegaram fogo, capotaram, e outras tragédias, quando fui o presidente do Porsche Club do Brasil e via os carros impecáveis na minha frente. No final de dezembro de 2007, coloquei um anúncio para vender duas das minhas BMW raras do modelo 3.0 CS e 2002 TII Touring. Recebi muitos telefonemas de curiosos e especuladores. Depois, conheci o Adilson, que tinha um cliente interessado em um dos carros. O futuro comprador, em dúvida, pediu que o carro fosse observado pelo seu mecânico de confiança. Levei o carro para a oficina e, para minha surpresa, conhecia seu dono, que era o antigo fabricante de uma réplica da Bugatti, a L'Autocraft. O carro foi observado e aprovado, e tomei a iniciativa de falar sobre a procura das BMW 1600 GT e o Adilson teve a atitude de tirar de seus álbuns de fotografias um documento importante: o registro da BMW 1600 GT acidentada.

Acima, a BMW 1600 GT número sete acidentada na foto, um documento real.
Abaixo, o carro, que ficou totalmente destruído, sem recuperação

Essa foto foi tirada em 1981. O dono da carreta estava inconformado.
Repare na proporção da pessoa em relação ao carro

    Essa BMW 1600 GT havia sido restaurada pelo Adilson. Quando foi entregue para seu proprietário, no Nordeste, a carreta capotou em cima dele. O Adilson ficou dias procurando o dono da carreta, que depois contou a história do acidente. As fotos são um documento fiel do que aconteceu, muito diferente do que alguns colecionadores contam sobre outros carros, que muitas vezes estão em estado impecável. Atitudes erradas de invejosos podem influenciar outras pessoas a contarem histórias absurdas sobre bens fantásticos que você gosta. Mais uma vez: elimine as pessoas negativas do seu lado e continue a colecionar o que gosta. Sempre conheça novas pessoas que possam acrescentar momentos positivos em sua vida. Tenha sempre uma boa referência e peça um documento que comprove histórias reais.

CAPÍTULO 9

Novos horizontes

Obras de arte ambulantes

Em 1886, o genial Carl Benz criou em seu estúdio o *Benz Patent-Motorwagen*, o primeiro carro do mundo. Tive oportunidade de andar nele ,no Mercedes-Benz Classic Center, na Alemanha, por intermédio de Gerd Müeller, que tem bons contatos. Com isso, fiz a melhor matéria da minha vida, para meu programa MotorDay OctaneTV.

Benz-Patent Motorwagen de 1886; o primeiro automóvel do mundo, criado por Carl Benz

Depois de ter nas mãos a maravilhosa Ferrari 250 GTO, um carro desejado por muitos colecionadores, e dar duas rápidas voltas nesse carro, em Interlagos, como eu disse, em minha cabeça um outro horizonte se abriu: preciso ser flexível e perceber a mudança. Com isso, troquei uma marca que colecionei por 30 anos e que tinha a criação única de Ferdinand "Ferry" Porsche. Meu pai sempre me disse que o bom *design* é aquele que permanece. Ele tem razão, pois a Porsche só foi modificar um pouco a carroceria de seus carros na década de 1980. Passaram a fabricar veículos mistos de comerciais e familiares, com o lançamento do Cayenne, que mais tarde a Volkswagen utilizou chamando de Touareg, com um motor mais potente, o V-10 diesel. A Porsche havia descoberto um mercado de carros familiares que a GM e a Ford já tinham achado décadas antes. Os japoneses estavam entrando no mercado para acabar com os europeus e os americanos, e, com o tempo, conseguiram fazer isso. Aliás, com muito pouco tempo.

A descoberta da Bugatti typo 57 C Stelvio 1937 numa garagem, em 2007

Que tal achar dois tratores Landini na casa do Adolfo Cilento?

Depois de fazer muita pesquisa, e com o foco na coleção de esportivos europeus, descobri obras de arte ambulantes, como a Lancia e a Ferrari de Pinin Farina, a Alfa GTV que Bertone desenhou aos 23 anos de idade, e a Lamborghini Miura SV projetada por Bertone e por Marcelo Gandini em pura harmonia criativa. Segundo Bertone, 70% do *design* era dele, e por isso assinou o carro com seu logotipo. Uma questão de ego. Também descobri outros carros geniais projetados por Armand Peugeot, Ettore Bugatti, Henri Ford, André Citroën com sua mecânica em formato de Chevron e seus carros *streamliner* com suspensão a ar.

Além deles, Enzo Ferrari, Dino Ferrari, Ferdinand Porsche com o Volkswagen e seu motor refrigerado a ar; Ron Hickman e Eric Broadley, desenhistas de Colin Chapman em sua Lotus Europa; Alejandro de Tomaso, Ferrucio Lamborghini, que era um fabricante de tratores; Jean Rédélé, que criou a Alpine A108 e A110, que mais tarde virou o primeiro esportivo a ser fabricado no Brasil; a Berlinetta Interlagos, batizada com o nome da famosa pista, ideia do grande publicitário Mauro Salles. A Berlinetta Interlagos, com seu motor da Renault, fez campeões como Emerson e Wilsinho Fittipaldi, José Carlos Pace e pilotos internacionais em suas subidas de montanha em Monte Carlo. E há outros gênios: Giovanni Michelloti, que desenhou o Triumph Spitfire em 1960; Charles Sykes, que criou a maior mascote de todos os tempos, a Memory of Ecstasy da Rolls-Royce; Nils Bohlin, que criou o cinto de segurança para o Volvo P444 e doou a ideia para as outras montadoras em benefício da humanidade. E, se você olhar para os lados, verá quantos *designs* interessantes há em seus móveis, na arquitetura de sua cidade, e em tudo o que é belo e de bom gosto.

Em dezembro de 2007, no meio de uma fresta de um portão, encontro um Ford 1909. Oportunidades aparecem assim: com tempo

Assim, percebi que existiam outras oportunidades que o tempo escondeu, mas a iniciativa de procurá-las e a atitude de mudar minha antiga atitude abriram outros horizontes na minha coleção de carros clássicos. Um dia, esses jovens desenhistas, projetistas e mecânicos tiveram um desafio: projetar um carro melhor que os carros que os concorrentes estavam fazendo; projetar e ter ideias brilhantes de mecânica e carrocerias diferentes, práticas e econômicas. Assim aconteceu com Santos Dumont, que projetou e voou com o primeiro equipamento "mais leve que o ar". Ele criou o avião, contestado pelos americanos, que dizem que foram os irmãos Wright que o inventaram, que foi um equipamento catapultado em uma colina, enquanto Pathé, que criou a máquina de filmar, imortalizava a cena do 14 Bis voando na Bagatelle, em Paris.

Raridades na fazenda de Flavio Marx

O Flavio Marx era um colecionador compulsivo de carros esportivos europeus. Guardava todos na sua fazenda, em São Paulo, e alguns ficaram no tempo, junto com a natureza. Entre 1997 e 2000, tive a oportunidade de registrar, em fotografia e em filme, várias dessas raridades valiosas em sua fazenda, algumas muito curiosas.

O Fiat 1200 Transformabile de frente: *design* Pininfarina

Acima, uma árvore cresceu dentro do Fiat 1200 Transformabile!!
Abaixo, durante sua fabricação, de 1939 a 1952, foram feitos somente 1.591 exemplares dessa Alfa Romeo 6C 2500, com *design* Pininfarina. Essa raridade valiosa, que guarda seu motor original de 6 cilindros, 2,5 litros, 110 cavalos de força a 4.800 rpm, estava servindo para que pássaros da fazenda criassem seus filhotes

Arfa Romeo 2600 6C conversível de 1937. Carroceria Pininfarina de alumínio, uma outra raridade na fazenda. Uma joia no tempo

Estacionei o Porsche ao lado do guincho antigo e do Jaguar. Essa fazenda é uma daquelas descobertas que os colecionadores mundiais sonham em conhecer

Ao lado, o "Tempo", veículo militar usado pelo exército alemão. Uma raridade de seis rodas, objeto de desejo dos museus de automóveis no mundo todo

Abaixo, a Lancia de competição na fazenda, em foto de 2007

Abaixo, o Impala Station Wagon 1963. Em algumas cidades do interior brasileiro, na década de 1970 esses modelos eram usados em funerárias

Acima, o Jaguar e o Mercedes-Benz "charuto" em fase ecológica. Nesse caso, o tempo tomou conta dos carros, e o colecionador não teve tempo para restaurá-los. Ficaram para a natureza, que, como minha amiga diretora de cinema Leila Hipólito, é soberana

Abaixo, dentro do galpão, o Alfa Romeo, Giulietta Spider com capota rígida rara. Foram fabricados 17.096 exemplares, de 1955 a 1962, com desenho de Pininfarina. O carro estava íntegro, com sua mecânica original e, ao lado, um Ford Triumph. Na frente, um Mercedes, e atrás uma Bugatti

Os Karmann-Ghia

A Volkswagen havia criado, sob a supervisão de Adolf Hitler, o carro do povo. Ferdinand Porsche construiu o motor refrigerado a ar de 4 cilindros. Essa criação única durou impressionantes 60 anos de fabricação. A fábrica da Volkswagen foi montada em vários países do mundo, mas perdeu toda a identificação com seu consumidor, como havia acontecido com a Porsche nos anos 1980, que fabricou o mesmo carro durante décadas. Na mesma época, as fábricas italianas ofereciam ao seu público carros com *design* e motor impressionantes. A BMW havia contratado Bertone e Pietro Frua para desenhar seus carros esportivos. O Karmann-Ghia teve várias motorizações: do 1300 ao 1600.

Aconteceu numa esquina de Higienópolis, São Paulo

A motorização mais inteligente foi criada pelo Paulo Goulart, da Dacon. Ele importava os Porsche 911 com o antigo motor do 356, e depois com o motor 6 cilindros de 2 litros. Assim, os carros ficavam mais baratos para importar; então, ele fazia os pedidos de motores mais fortes, como o 2.4 de 6 cilindros, para colocar nos carros recém-importados. Os motores sobressalentes eram vendidos para quem tinha um Karmann-Ghia. Minha mãe herdava da DPZ os carros do Petit, que era um entusiasta da marca Porsche. O Karmann-Ghia mais bonito que existia era um preto, com a faixa dourada bem grande que percorria o carro todo pelo meio. Esse carro era extremamente rápido e perigoso pela precariedade dos freios. O

Karmann-Ghia era o objeto de consumo dos jovens nas décadas de 1960 e 1970, de fácil manutenção e com desenho agradável. O Karmann-Ghia de minha mãe, Sylvia, era cheio de flores psicodélicas e decalques vendidos na loja da Monique Zaragoza, a VrumVrum, que ficava na rua Augusta.

À esquerda, embalagem dos adesivos *Flower Power*, típicos da década de 1960 e 1970. Os carros, a casa, a prancha de surfe... tudo tinha um adesivo nos anos do "paz e amor": coração, gota psicodélica ou flores coloridas

No começo da década de 1980, tive a iniciativa de comprar vários Karmann-Ghia e restaurá-los. Percebi que a memória dos meus amigos de 18 anos estava fresca, pois tinham na cabeça o carro esportivo de sua mãe. Foquei nesse carro por meses. Colocava anúncios em jornais assim: "Karmann-Ghia: avalio, compro e pago bem". Com essa iniciativa, outras pessoas tiveram a motivação de me oferecer o que estava ocupando lugar na garagem de sua casa e desvalorizando-se no mercado. Com a mecânica barata, trocava os motores parados por revisados, licenciava e, o mais incrível, pintava todos de vermelho Bonanza, cor que era do Monza recém-lançado pela GM na época. Vendi os carros pelo triplo do preço, acordando um mercado que estava parado para esse modelo.

O Karmann-Ghia hoje vale uma pequena fortuna no Brasil.

Um dos Karmann-Ghia que comprei e restaurei

Seu clube, muito bem dirigido pelo amigo Henrique Erwenne, tem uma finalidade muito importante na sociedade: manter a memória automobilística e dar conhecimento e prazer aos seus associados. Um clube é sempre uma ferramenta importante para quem teve a iniciativa de escolher uma marca, tempo e atitude para restaurá-la, motivação para fazer amizades e passeios, e dinheiro para quem está vendendo seu carro, depois de um investimento com lucro garantido. Carros antigos, como eu disse, ou qualquer que seja a sua coleção, sempre dão retorno, que pode ser no prazer ou no dinheiro.

As Berlinettas Interlagos

A Berlinetta Interlagos é um esportivo que foi criado por Jean Rédélé. Corria com os famosos Renault "rabo quente", que eram carros de quatro portas e motor de 4 cilindros com 850 cc. O desenho desse carro é extremamente feliz, e foi originalmente construído para competições, para as famosas subidas de montanha e ralis de Mônaco. Com carroceria de fibra de vidro, o carro foi

Berlinettas Interlagos encontradas e fotografadas por mim em 2006

Quadro de Rubem Duailibi
Acrílico sobre tela e silk-screen
2008

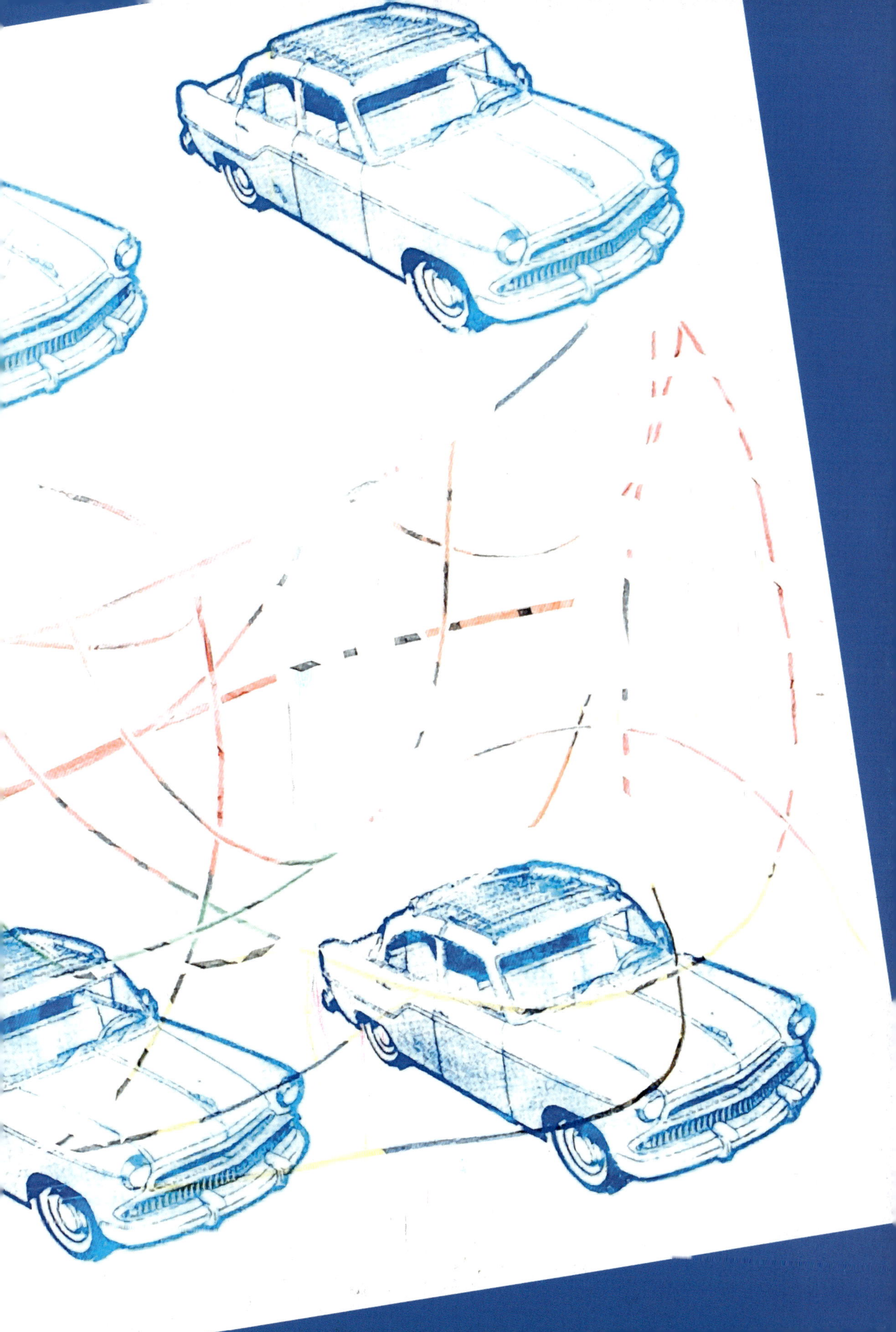

Veja o estado dessa Berlinetta Interlagos encontrada por mim

fabricado no Brasil pela Renault, em conjunto com a Ford. O publicitário Mauro Salles deu a ele o nome de Interlagos, em homenagem à pista.

Um dia, acordei e percebi que o mercado estava atrás das Berlinettas Alpine A108 e A110. Lendo revistas francesas, percebi que esses carros estavam em evidência, mas no Brasil ainda não haviam sido procurados. Muitas

Berlinetta descoberta numa garagem em foto que foi publicada pela Classic Car *inglesa, a mais conceituada revista automobilística do mundo*

corridas foram feitas com esses carros, e, quando percebi a oportunidade, comecei a colocar os mesmos anúncios que havia feito para os Karmann-Ghia: "Berlinetta Interlagos: avalio, compro e pago bem". Em minhas buscas, acabei descobrindo e adquirindo várias e, por coincidência, de cor vermelha.

Muitas foram restauradas pela oficina mecânica Galpone Mecanique Sport, de Marcelo Cassari, o maior especialista nesse tipo de carro e no Gordini. Com minha percepção, tive a iniciativa de colocar o anúncio no jornal e, com a atitude de vender a primeira Interlagos, comprei mais três, até chegar a ter oito exemplares para restaurar e vender. Todos os carros que coleciono têm de chegar ao número oito, que, em desenho é a representação do infinito (como deve sua conta bancária!).

A Berlinetta Interlagos com placa amarela e motor original. Totalmente restaurada em 2005, no Galpone, com Marcelo Cassari. A Berlinetta foi o primeiro carro esportivo nacional

CAPÍTULO 10

Um verdadeiro *barn find*

Barn find é a expressão em inglês usada para designar quando se descobre um carro clássico abandonado, em geral em condições precárias. O termo vem da tendência de se encontrar esses carros em celeiros antigos, geralmente em fazendas. As pessoas que fazend *barn find* ao redor do mundo são, em geral, colecionadores, que compram os carros, restauram, consertam e vendem essas joias raras por milhares de dólares.

Existem por aí milhares de carros em condições de reforma, o que se chama em inglês de *project cars*. Muitas pessoas têm o desejo de pegar um carro antigo e começar uma reforma. Porém, reformas de carros antigos precisam de muita pesquisa, tempo, profissionais da área e dinheiro. O começo parece um sonho, mas pode se tornar um pesadelo, e por isso muita gente deixa o projeto pela metade. Fazer Arqueologia Mecânica requer paciência, dedicação, e sempre gera satisfação no final, quando esse seu projeto está pronto. E mais satisfação ainda quando você vende seu carro restaurado com um bom lucro, gerando dinheiro. Mas é preciso chegar até o fim.

Em 5 de fevereiro de 2008, eu tive o privilégio de realizar um autêntico *barn find*. Estava nos Estados Unidos e soube de um caso de *project car* que não tinha sido concluído. O dono abandonou o projeto havia mais de 18 anos, mas manteve o carro guardado e intacto durante todo esse tempo. Estava em um celeiro, em uma fazenda a 350 quilômetros de Nova York. O tempo fez com que essa raridade ficasse mais interessante. Nos Estados Unidos, na década de 1970, havia uma campanha forte para reciclagem de carros. Você entregava o carro para o governo em troca de 500 dólares, e eles trituravam os carros para reciclagem e para economizarem gasolina por causa da crise pela qual estavam passando. Ainda bem que alguns donos mandavam para o lixo só carros nacionais, como Chevrolet, Ford e outros. Os carros esportivos europeus eram conservados. Ainda bem.

Fui então com o Bico Stupakoff à fazenda. Nevava muito, a temperatura estava em 25 graus negativos. Quando nos aproximamos do celeiro, meu coração estava disparado. Lá estaria um Porsche 911 T de 1969! Havia neve até dentro do galpão: lá dentro faziam 15 graus negativos. O carro estava alinhado, com os adesivos de pintura nos piscas e várias caixas de papelão com peças dentro dele. Sem demora, e no meio do escuro, comecei a desmontar as caixas e descobrir as peças originais, como um pirata! Bico Stupakoff tirava as fotos e falava que eu parecia uma criança feliz. Dentro do porta-malas, havia várias peças, e outras espalhadas pelo celeiro, algumas nas caixas originais de fábrica. O carro estava com seu motor original "*matching numbers*": quando o motor e o chassi estão com os números originais de fábrica (incrível, pois muitas pessoas jogavam os motores de 2 litros fora, trocando-os por motores muito mais potentes, ou, como no Brasil, faziam a transformação da carroceria antiga numa mais nova).

Dentro daquele celeiro, na fazenda americana, no meio da neve, havia uma raridade alemã. Dentro do celeiro estava um pouquinho mais quente: 15 graus abaixo de zero

Atrás dessa porta, uma emoção... O Porsche 911 T de 1969.
Tinha neve até dentro do galpão

A raridade do meu autêntico *barn find*!

O carro estava alinhado, com os adesivos originais de pintura nos piscas e várias caixas de papelão com peças dentro dele

A compra do carro foi praticamente fácil. Esses carros desmontados, ou seja, *"project cars"*, existem aos montes nos Estados Unidos, a preços inacreditavelmente baixos. A maior dificuldade era ter a informação correta de como trazê-lo para o Brasil. Enquanto a papelada da burocratização da Receita Federal não saía, fazendo com que perdêssemos tempo, aproveitamos o Ebay, site de classificados da internet de grande importância nos EUA, e vendemos o carro por lá mesmo, conseguindo um pequeno lucro, e em apenas cinco dias!

O tempo desfavorável no Brasil fez com que o tempo favorável dos Estados Unidos nos permitisse ganhar dinheiro para melhorar outras futuras compras em carros melhores. Aqui a máxima é: tempo é dinheiro! E não importa em qual lugar do planeta se esteja, quando se tem a internet a seu favor para ganhá-lo! Aí tínhamos a nosso favor o produto, um bom texto e o tempo de venda.

Comecei a desmontar as caixas e descobrir as peças originais, como um pirata!

Bico Stupakoff tirava as fotos: eu parecia uma criança feliz!

Abrindo o porta-malas e descobrindo mais peças...

Peças espalhadas, algumas nas caixas originais de fábrica

Acima, o carro estava com seu motor original: *matching numbers*

Ao lado, com os para-choques traseiros montados

Bico Stupakoff separando e fazendo a seleção das peças

Amigos são o maior patrimônio que uma pessoa pode ter. Amigos não se compram em supermercados, mas tem gente que acha que pode comprar uma amizade, usar e jogar fora. Essas pessoas, no fim, sempre se dão mal. Quando se tem amigos no mundo todo, você tem uma grande

O painel de instrumentação completo e o estofamento original de 1969

oportunidade de fazer um ótimo negócio! Hoje a comunicação é muito rápida, e um dos fatores mais importantes é a internet, com a qual você fica em contato com o planeta. Assim foi essa Arqueologia Mecânica. Esse é um negócio de sorte e conhecimento. Sorte de ter um círculo de amizades que se faz com tempo, dedicação, inteligência, simpatia, honestidade e muito carinho. Mantenha sempre contato com pessoas do seu próprio círculo de amizades e que tenham conteúdo. Ouvi uma frase excelente do meu amigo Marcelo Cassari: "Não corra atrás da grana, que você sem perceber passa por ela, e ela não te alcança!". Na verdade, ele tem razão. Se você ficar demasiadamente preocupado em ganhar dinheiro, ele poderá estar na sua frente e você não perceber a oportunidade de ganhá-lo.

Plagiando a famosa foto do Dr. H.C. Ferdinand Porsche

Palavras finais

Tempus fugit I

Um dia, você acorda e percebe que o tempo não volta. Imagine se você tivesse um relógio que pudesse fazer voltar o tempo? Poderíamos voltar os ponteiros e viver mais um momento com nossos avós, com nossos pais, filhos, evitar coisas desagradáveis ou situações indesejáveis. Um dia você passa o Natal, faz aniversário, e percebe que há outro Natal e outro aniversário chegando novamente. Assim, o tempo foge; *tempus fugit*. É importante perceber que o tempo existe, para usá-lo adequadamente, sem desperdiçar. Quanto tempo você já perdeu com coisas que não acrescentam nada a você?

Agora você está lendo este livro. Observe a roupa que você está vestindo. Pense em quanta gente está envolvida para que sua roupa chegue a você. O tempo de plantar o algodão, de fazer a manutenção da plantação, esperar crescer, retirá-lo da terra e mandá-lo para a fiação. Na indústria têxtil, ele vai virar um tecido, que será usado para fazer uma peça de roupa, cujo modelo será desenhado pelo estilista. O tecido será cortado com uma tesoura – que por sua vez foi também manufaturada – e vai ser costurado por uma máquina de costura, também criada e fabricada. Uma cadeia imensa de pessoas e fatos está envolvida para que as coisas existam. Tudo na vida é assim: uma coisa puxa a outra e isso leva um tempo para acontecer.

O sol nasce todas as manhãs. Ele tem um ciclo. Depois anoitece. O planeta tem um ciclo, e as coisas têm um ciclo. Mas não se pode ficar apenas preso aos ciclos mecânicos e automáticos. É preciso quebrar regras e perceber que tudo o que é mecânico, metódico e confortável prende você ao tempo. O tempo foge. Por isso, ficar na monotonia é muito aborrecido. É preciso agir no tempo. O tempo pode fazer com que as pessoas enriqueçam, ganhem

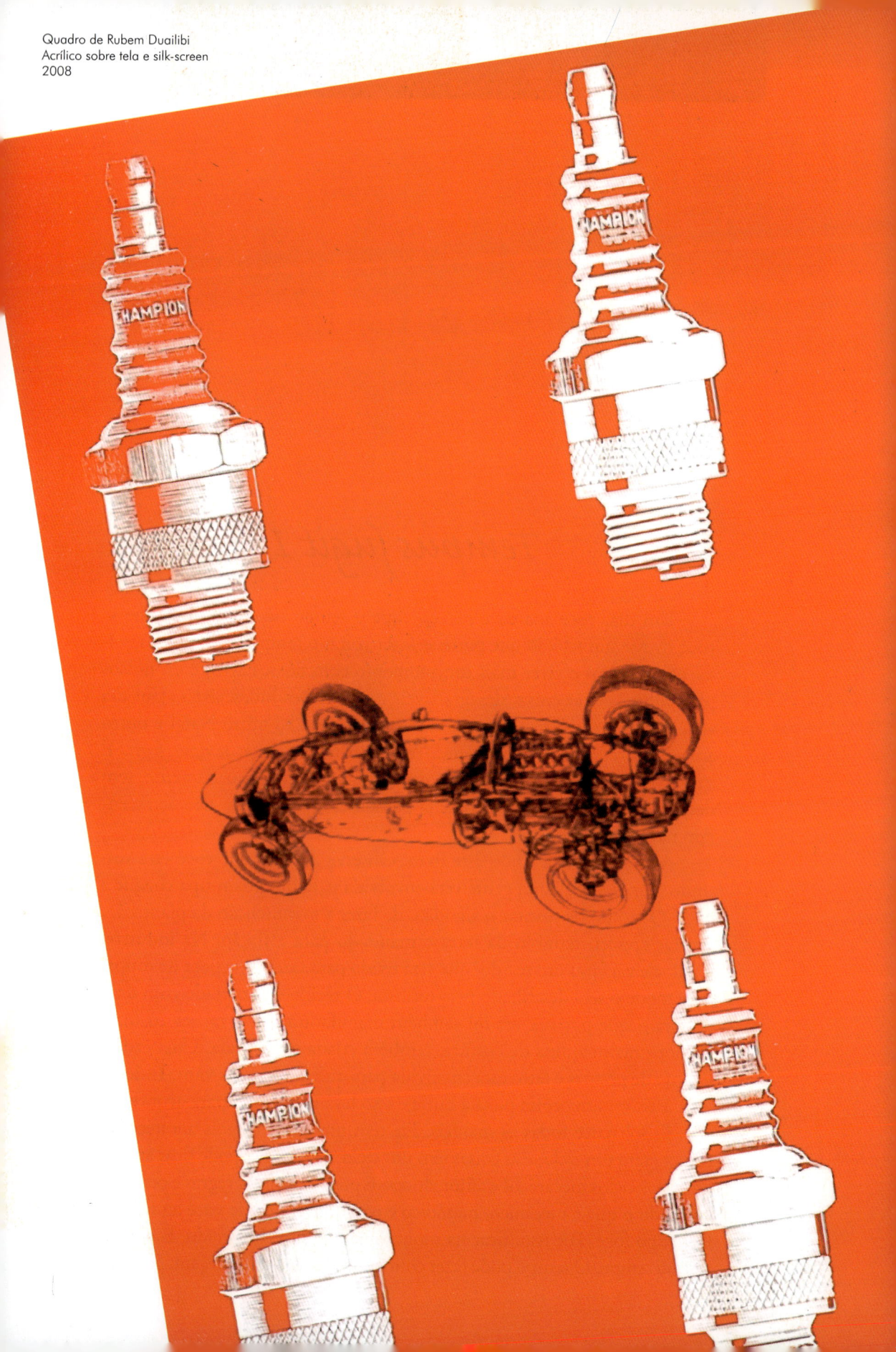

Quadro de Rubem Duailibi
Acrílico sobre tela e silk-screen
2008

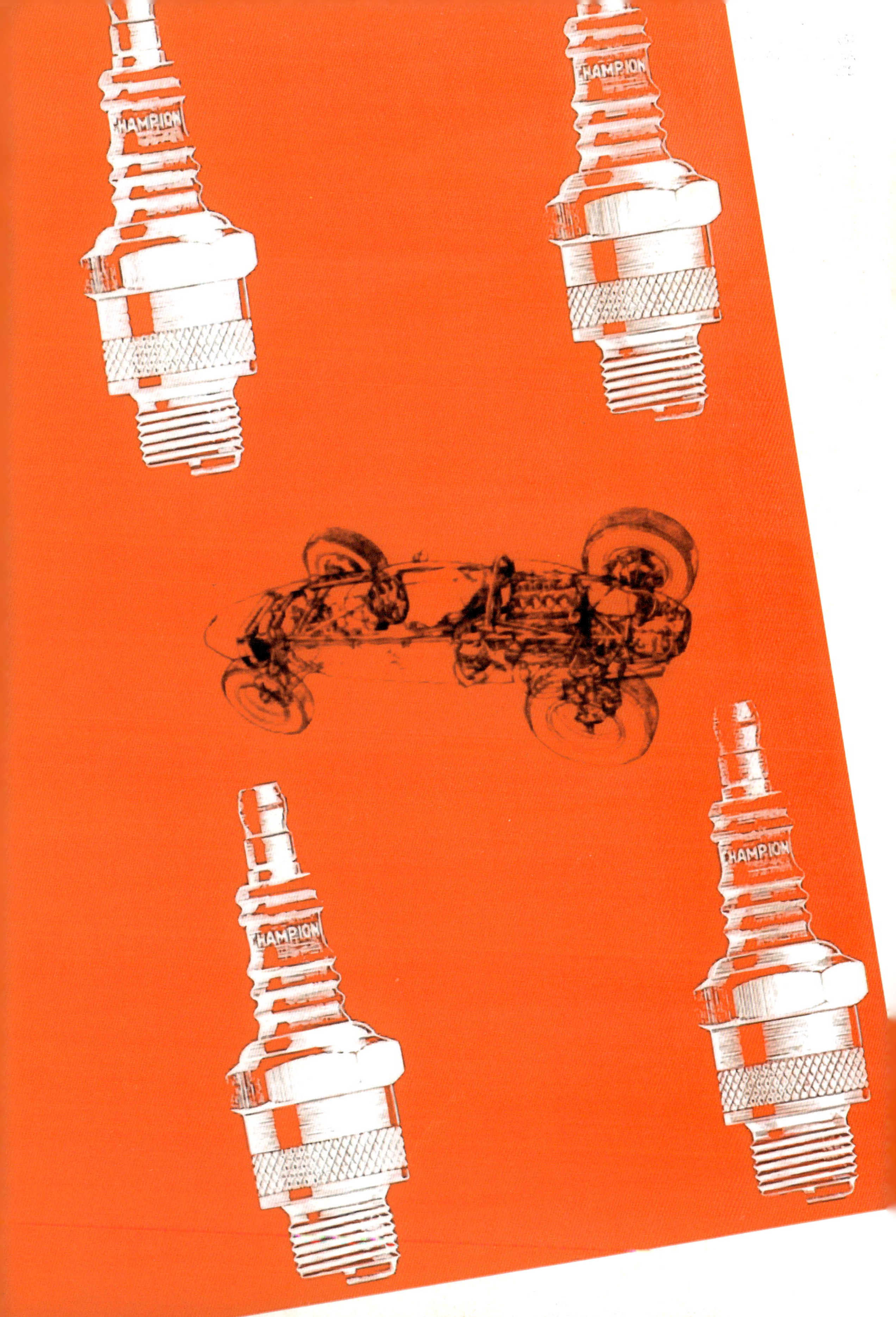
CHAMPION
CHAMPION
CHAMPION
CHAMPION

dinheiro, amor, saúde, felicidade e crescimento. Um dia você percebe que o tempo passa, e que é nossa ação no tempo que nos traz tudo isso.

Tudo na vida pode ser diferente se saímos de um ciclo de comodismo, no qual se fica talvez por teimosia ou talvez por falta de atitude. Isso pode acontecer num namoro, num casamento, num trabalho. Mas as pessoas podem virar essa situação se perceberem que o tempo está correndo e que não volta mais, porque aquele relógio que faz voltar o tempo não existe. Por isso, é preciso perceber o quanto nós mesmos podemos, com nossa capacidade, aproveitar o tempo. Eu sempre tive, na minha sala, no escritório, um quadro com uma frase: "Não perca meu tempo".

Precisamos aprender a usar o tempo equilibradamente, a viver o tempo, dividindo-o em horas de sono, de trabalho e de lazer e prazer. Eu sugiro que você divida seu dia em oito horas de sono, oito horas de trabalho e oito horas de lazer e prazer. É preciso ser objetivo e levar as pessoas a serem objetivas. E é preciso ter objetivo também. O tempo é muito importante para ser perdido com bobagens ou com coisas negativas. Basta perceber que aquele mau tempo vai passar e que cada nuvem escura tem um lado virado para o sol. O tempo muda.

Tempus fugit II

Se você observar, é sobre o tempo que este livro fala. Aqui, contei como usei meu tempo para fazer Arqueologia Mecânica, e como comecei a procurar, encontrar, colecionar e comercializar carros antigos valiosos. Nestas páginas, você viu como o tempo, que pode ser tão cruel a ponto de deteriorar preciosidades, também pode ser generoso por multiplicar o valor e tornar muito especiais algumas joias automobilísticas. Aqui mostrei que se você souber se valer do tempo, com iniciativa e atitude, você poderá ter, além de um hobby prazeroso, uma fonte considerável de dinheiro e renda. Com as informações corretas, estudando o assunto, e com contatos, amizades e passeios agradáveis, você poderá encontrar as coisas certas no lugar certo, e fazer coleções, que não precisam ser propriamente de carros, mas bem podem ser de moedas, selos, fotos, ou de qualquer outra coisa. Há muitas coisas e objetos interessantes e importantes, que possuem imenso valor.

Ter um *hobby* e ter tempo para que a cabeça se distraia com outra coisa além do trabalho já é uma vitória das suas horas de lazer e prazer. O começo pode ser interessante, pois você vai ter tempo para pesquisar, aprender e adquirir o que colecionar. Na vida dos colecionadores, sempre existe uma garimpagem. A verdadeira Arqueologia Mecânica começa com as dicas que os amigos vão dando. Sempre existem histórias exuberantes sobre velhinhas e seus carros fantásticos, ou casos incríveis de carros abandonados em alguma garagem nos famosos "*barn finds*", as descobertas em celeiros, como é comum nos Estados Unidos.

Quando se tem um objetivo claro, quando se toma uma iniciativa e se tem uma atitude para alcançar um resultado, que pode ser o prazer de atingir o objetivo ou os ganhos que vêm disso, você se transforma em um "celeiro" cheio de surpresas. Surpreenda-se saindo da rotina. A rotina é uma coisa que acaba com você por dentro. Ela vai fazendo com que uma ação metódica seja restrita, e não o deixe ver como os problemas podem ser solucionados de maneiras diferentes. O pôr do sol, algo simples, diário, rotineiro, por vezes passa por nossa vida quase despercebido, e é um show da natureza que brinda mais um dia de forma triunfal. No instante em que observamos algo assim, esquecemos dos problemas, da violência urbana ou doméstica, e nos lembramos de uma energia positiva contagiante e boa.

Todos os dias são diferentes uns dos outros. Ainda bem. Existem dias em que parece que uma reforma não vai para a frente, pois depende de uma terceira pessoa que está mexendo no carro, ou depende de como você acordou e de sua disposição. Respire fundo e lembre-se de que se seu dia não teve nenhum progresso positivo, você tem a chance de melhorar no próximo. Mas lembre-se de viver o momento, aquele exato segundo, pois o amanhã é muito longe, e o agora é o que importa.

Quem tem iniciativa de criar algo positivo pode mudar a vida das pessoas e, principalmente, a sua própria. Sempre falo que a vida tem portas abertas, que é preciso andar para a frente sem olhar para trás. As pessoas têm uma capacidade muito grande de fechar suas próprias portas na cara. Isso porque não percebem que têm de tomar iniciativa para atravessá-las. Todas as portas das oportunidades estão abertas quando você tem iniciativa, seguida da atitude de ter um desafio e ser vencedor. Mas existem pessoas que sofrem a cada momento, pensando num futuro desastroso.

Tempus fugit III

Digo algo a você: viva cada momento de sua vida, e viva cada segundo, pois esse segundo não volta mais. Você deve se concentrar em fazer o que tem na hora. Nunca pense só no amanhã; faça um planejamento para o amanhã, mas não sofra com isso. Acorde como um vencedor e seja feliz. Os grandes vencedores são aqueles que acreditam em conquistas diárias, que vencem porque fazem do tempo uma conquista pessoal. Se concentre em ter dias bons, fins de semana bons. Como outras pessoas podem ter um ótimo dia e o seu ser uma catástrofe? Pode haver muitas coisas em jogo:

um mau grupo de amigos, um lugar que você não gostaria de estar, uma companhia desagradável. Mas você pode tornar seu tempo o mais agradável possível. Dê-se a chance de tê-lo.

Não sofra por antecipação. Muitas vezes, a potencialização do problema está exclusivamente na sua cabeça. Não deixe que o medo e a ansiedade tomem conta do tempo, do pensamento. Um dia uma amiga me disse: "Faça o que tem medo". Gostei da frase! Mas faça com moderação, para nunca se machucar. Lembre-se de que o tempo que perde sofrendo por antecipação não volta mais. Sorria para si no espelho, de manhã e deseje uma boa sorte a si mesmo. Repita isso com quem você ama, com os amigos. Nunca tente chamar a atenção falando coisas negativas. Já percebeu que, quando se fala em alguma doença ou violência urbana, esse assunto pode demorar horas numa mesa de jantar ou em outra ocasião? Como jornalista, um dia ouvi o editor falar: "Essa notícia é boa, não vende jornal! O que vende jornal é notícia ruim!". As pessoas têm atração por tragédias, e muitas vezes potencializam a história, tornando-a mais trágica ainda. Energia positiva! Fora baixo-astral, problemas, chateação. Alegria!

A energia positiva é contagiante, é uma forma de alegria e satisfação que melhora a sua qualidade de vida e de quem conviver ao seu lado. Tudo fica melhor com um sorriso, com atitudes positivas. Focando em energias positivas, elas trarão resultados positivos. A riqueza está dentro de cada pessoa, que, sendo positiva, pode produzir algo com ótimos resultados.

As oportunidades existem para que as descubramos. Em geral, todas as portas estão abertas na frente do nosso próprio nariz. Mas há pessoas que não percebem as oportunidades que lhe são oferecidas e fecham as portas. Fique atento para não perder oportunidades nunca! Você pode perder uma chance que nunca mais vai voltar, como o tempo. Nunca mais será igual. No mundo, quem vacila perde a chance, perde a oportunidade e perde até dinheiro. Dentro de cada um há uma pessoa com potencial, com energia positiva, que pode ser grande e pode engrandecer quem está em volta.

A riqueza está dentro de você. Tudo fica positivo quando você é positivo e pensa fortemente em coisas boas, prósperas, ricas. Rica é a pessoa que tem o poder de pensar rico. Se você acordar para o que acontece à sua frente, as portas das oportunidades se abrirão e lhe trarão riqueza, saúde, prosperidade e qualidade de vida. Aproveitando bem seu tempo, seu dia, com suas horas de sono, de trabalho e de prazer e lazer, tomando iniciativas e atitudes, você pode alcançar seus objetivos! Coragem! Sendo firme em um foco escolhido, indo em frente sem olhar para trás, com motivação, objetivo e força de vontade, tenho certeza de que você terá sucesso. Seja feliz!

Rubem Duailibi
Nova York, 15 fevereiro de 2008

Crédito das imagens

Arquivo do autor
Páginas 15, 16, 17, 18, 26, 27, 28, 29, 30, 31, 32, 33, 35, 36, 37, 38, 39, 41, 44, 45, 46, 47, 50, 51, 53, 61, 62, 63, 64, 65, 66, 67, 71, 72, 73, 74, 75, 76, 77, 78, 79, 80, 81, 82, 83, 84, 85, 86, 91, 92, 93, 94, 98 (embaixo), 99, 100, 104, 105, 106, 107, 108, 109, 110, 111, 112, 113, 114, 115, 118, 119, 120, 121, 122, 123, 124, 125, 126, 127, 128, 129, 130, 131, 132, 133, 134, 136, 137, 140, 141, 144, 145, 146, 147, 148, 149, 150 e 157

André Ribeiro
Página 70 (à esquerda)

Bico Stupakoff
Páginas 56, 57, 58 e 59

Gian Paolo Zanotto
Página 135

Paulo Leme
Páginas 19, 22 e 23

Ricardo Suplicy de Araújo Góes
Página 98 (em cima)

Wolfgang Porsche
Página 70 (à esquerda)

Para conhecer outros títulos, acesse o site **www.alaude.com.br**, cadastre-se, e receba nosso boletim eletrônico com novidades